쓰는 사람에게만
보이는 것들이 있습니다

JINSEI NO SEIRIGAKU

by Shigehiko Toyama
Copyright ⓒ Shigehiko Toyama 2024
All rights reserved.
Original Japanese edition published by EAST PRESS CO., LTD.
Korean translation rights ⓒ 2025 by FORESTBOOKS
Korean translation rights arranged with EAST PRESS CO., LTD., Tokyo
through EntersKorea Co., Ltd. Seoul, Korea

이 책의 한국어판 저작권은 (주)엔터스코리아를 통해 저작권자와 독점 계약한
포레스트북스에 있습니다. 저작권법에 의하여 한국 내에서 보호를 받는
저작물이므로 무단전재와 무단복제를 금합니다

쓰는 사람에게만 보이는 것들이 있습니다

작은 기록 습관이 바꿔놓는 삶에 대하여

도야마 시게히코 지음 | 노경아 옮김

포레스트북스

들어가며

일상을 역사로 바꾸는
글쓰기의 연금술

반쯤 자기 자신을 잊고 살았던 사람도 잠시 한숨 돌릴 수 있게 되면 그 자리에 멈춰 서서 살아온 지난날을 돌아보고 싶어지는 모양이다.

생활이 안정된 미국인들 사이에서는 전문가에게 의뢰하여 가계도를 만드는 일이 한때 유행했다. 그런가 하면 일본에서는 가계도 대신 자신의 발자취를 기록하여 출간하는 사람이 늘고 있다. 덕분에 '자기 역사'라는 새로운 장르도 생겨났다.

자기 역사를 쓰려는 사람, 그렇게까지 적극적으로

행동에 나서지는 않더라도 어느 정도 자기표현을 추구하는 사람이 많아진 이유는 사회 전반의 지적 수준이 향상되었기 때문일 것이다. 그런 사람들에게 조금이라도 도움이 되기를 바라는 마음으로 이 책을 썼다.

모처럼 자기 역사를 쓰기로 결심했다면 조금이라도 좋은 작품을 만들어야 할 것이다. 적어도 다른 사람은 전혀 재미를 느끼지 못하는 글, 혼자만 좋아하는 글은 쓰지 말아야 한다. 그 점에 주목하여 내용을 3부로 나누어 집필했다.

1부에서는 너도나도 자기 역사를 쓰려는 현상을 다루었다. '내 이야기를 쓰면 되니 별것 아니겠지'라고 생각하는 사람이 의외로 많을 것이다. 그런데 써보면 알겠지만 자기 역사를 쓰는 것은 여간 까다로운 일이 아니다. 1부에서는 그 사실을 알리려 했다.

2부에서는 집필 전에 어떤 준비가 필요한지 이야기했다. 자기 역사는 갑자기 쓸 수 있는 글이 아니므로 사전 준비가 필요하다. 구체적으로 말하면 자기 역사와 유사한 장르의 글을 많이 읽어야 한다. 그래서 참고 삼아 읽을 만한 책을 다양하게 몇 권 소개했다. 여기에는 일부 문장만 인용했으니 책을 구하여 전체 내용을 음미하도록 하자.

곧바로 글을 써도 되지만 그러지 말고 읽기부터 하라고 말하는 이유는 이 책의 최종 목적이 자기 역사를 쓰는 단순한 기술을 전수하는 것이 아니기 때문이다. 읽을 만한 글을 써서 독자를 한 사람이라도 늘릴 수 있도록 돕는 것이 목적이다.

자기 역사를 쓰는 사람들은 이 '독자의 관점'을 소홀히 하기 쉽다. 그러나 재미없는 글은 공개할 가치가 없다. 가치 없는 글은 쓰지 말아야 한다고 생각한다.

마지막 3부에서는 집필을 시작한 후의 마음가짐을 이야기했다. 집필 직전의 준비나 마음가짐을 다루었으므로 상세한 집필 기술은 다루지 않았다.

누구나 자기 역사를 쓸 수 있다. 그러나 많은 독자가 생기기를 바란다면 그들을 생각하며 쓰는 것이 당연하다. 다른 사람도 읽고 싶게 만드는 자기 역사 쓰기. 이 책에서 가장 하고 싶은 이야기는 그것이다.

차례

들어가며 / 일상을 역사로 바꾸는 글쓰기의 연금술 · 004

1부 모든 삶은 역사다 · 013
    글로 지은 마음의 집 · 023
    나를 알고 글을 쓴다 · 031
    순서를 바꾸는 글쓰기 · 039
    삶이라는 은유 · 047

2부 좋은 쓰기를 위한 현명한 읽기 · 059
    고전의 지혜를 빌리다 · 067
    이것은 자서전이 아니다 · 075
    문학이 되는 생애 · 089

가장 담백한 일기 · 099

산뜻하고 발랄한 유머 · 109

내 삶의 애호가 · 117

간결함의 미학 · 125

일기 쓰는 보람 · 135

삶과 역사의 교차로 · 145

추억을 사진에 담아 · 153

나의 옛날 이야기 · 161

피와 살이 되는 기록 · 169

말할 수 없는 비밀 · 177

한 줄에 담긴 죽음 · 187

3부

기록을 나누는 기쁨 · 197

가장 신비로운 종이 · 205

글쓰기의 도구들 · 213

한 권으로 만드는 인생 · 221

나가며 / 누구나 읽고 싶은 나의 삶 · 228

모든 삶은 역사다

'자기 역사'라는 말은 아직 우리에게 낯설다. 20세기 초만 해도 이 말을 아예 못 들어 본 사람이 꽤 있었을 것이다. 1980년대에 출간된 일본어사전에는 이 단어가 실리지도 않았다. 그나마 내가 가진 『신명해 국어사전新明解国語辞典』 1992년 판에는 이렇게 나와 있다.

한 사람이 변동하는 사회 및 시대와 관계 맺으며

대중으로서 무엇을 생각하고 어떻게 살았는지 기록하여 엮은 자서전(반평생의 기록)

사전은 아니지만 현대어를 자세히 다룬 책인 『현대용어 기초 지식現代用語の基礎知識』 1993년 판에는 이렇게 나와 있다.

자서전 및 전기와 같은 범주. 다만 지금 선풍을 일으키는 '자기 역사'는 예전의 자서전과는 달리 자신이 겪은 일(여행, 유학, 육아 등)이나 살면서 품었던 다양한 생각을 좀 더 스스럼없이 기록한 것을 말한다.

아주 친절한 설명이다. 이를 통해 일찍이 1990년대 초부터 자기 역사가 선풍을 일으켰다는 사실을 짐작할 수 있다. 1980년대까지는 사전에 수록될 수준도 못 되었지만, 1990년대 이후 크게 유행한 장르로 이해하면 될 듯하다. 다만 선풍을 일으켰다고는 해도 이때까지는 일부의 이야기일 뿐 일반 대중에게는 그다지 알려지지 않았다.

자기 역사는 나의 이야기를 담은 기록이지만 일기와는 다르다. 일기는 남에게 공개하지 않는다는 생각으로 쓰는 글이고, '자기 역사'는 책으로 엮어 남에게 공개할 생각으로 쓰는 글이기 때문이다.

그런 면에서 자기 역사는 자서전과 비슷하다. 그러나 자기 역사에는 세상에 공개할 마음이 그렇게까지 뚜렷하지 않은, 뚜렷해질 수도 없는 개인의 소소한 생활사가 담긴다. 따라서 자서전을 쓰겠다는 사람은 적지만 자기 역사를 쓰겠다는 사람은 많다. 많은 사람이 자기 역사 정도는 쓸 수 있고, 써도 괜찮고, 쓰고 싶다고 생각한다.

특히 여성들이 '자서전은 꺼려지지만, 신변잡기나 과거를 회상하는 글 정도는 쓸 수 있다'라고 생각하는 듯하다. 자기 역사는 이런 여성 필자들을 통해 널리 전

파되고 선풍으로 불릴 만큼 유행하게 되었다.

앞서 언급한 『현대 용어 기초 지식』에 '전기와 같은 범주'로 나와 있긴 하지만 전기와 자기 역사는 별개의 장르다. 전기는 타인이 쓰는 글이므로 본인이 직접 쓰는 자서전이나 자기 역사와는 전혀 다르다. 그래서 평범한 사람의 전기는 탄생하기 어렵다. 다시 말해 기록할 만한 삶을 산 인물이 아니면 전기를 남길 수 없다. 흔히 말하는 '훌륭한' 사람이 아닌 평범한 사람은 전기의 주인공이 되지 못한다.

하지만 자기 역사는 다르다. '훌륭한' 사람이 아니어도 주인공이 될 수 있다. 자기 이야기를 직접 쓰면 되므로 거리낄 이유가 없다. 쓰고 싶으면 쓰는 것이다. 쓸 가치가 있느냐 없느냐는 스스로 판단하기 어려우니 고민할 필요가 없다. 그래서 속 편하게 누구나 쓸 수 있다. 이런 점에서는 일기와 비슷하다.

그러나 앞서 말했듯 일기를 쓸 때 남의 눈을 의식하지 않는 것과 달리, '자기 역사'를 쓸 때는 아무래도 남이 읽어주기를 바라는 마음을 버리기 어렵다. 따라서 무작정 본인 편한 대로만 쓸 수 없다. 읽을 가치가 있는지 없는지 전혀 생각하지 않고 쓴 긴 일기 같은 글까지 자기 역사라고 생각하는 사람도 있지만 그런 글에는 사회적 의미가 없다. 그런 자기 역사는 자칫하면 주변에 폐만 되기 쉽다.

책으로 출간되는 사례가 적은 것만 보아도 자기 역사는 독자를 확보하기가 현실적으로 쉽지 않다. 따라서 책으로 출간되어 독자가 생긴 자기 역사는 이미 자서전의 반열에 올랐다고 말할 수 있다. 그러나 대부분은 독자가 생길지 안 생길지 모르는 채 자기 역사를 쓴다. 자비 출판이 주를 이루는 것도 당연하다.

그러고 보면 자기 역사와 독자의 관계는 참 미묘하다. 독자를 최소한으로 의식하면서 자신의 이야기를 쓰는 것이 자기 역사이기 때문이다. 독자를 덜 의식한다고 해서 글의 가치가 떨어지는 것은 아니다. 오히려 의식하지 않고 쓴 듯한 글에 감동하는 독자가 많다.

어쨌든 독자를 의식하고 쓴 자기 역사가 실제로 독자의 마음을 사로잡는 순간, 그것은 자서전이 된다. 적어도 지금은 그렇다.

따라서 앞으로 자기 역사를 쓸 때는 독자를 매혹할 만큼 재미있는 자서전을 쓰겠다고 생각하는 것이 좋다. 역사가 깊지 않은 분야지만 앞으로 그렇게 발전하기를 바란다. 그때 비로소 자기 역사는 자서전과 대등한 또 하나의 장르 혹은 자서전에 속한 하위 장르로 인정받을 것이다.

자기 역사는 내가 겪은 일을 직접 쓰면 된다. 내가 곧 주인공이다.

나의 역사

자기 역사는 전기나 자서전과는 사뭇 다르다. 쓰고 싶은 이야기가 있다면 얼마든지 쓸 수 있다. 누구든 주인공이 될 수 있고, 쓰고 싶으니 쓴다. 나의 삶에서 자기 역사로 기록하고 싶은 이야기가 있는지 정리해보자. 아주 사소한 이야기여도 자기 역사의 멋진 소재가 될 수 있다.

Date / /

글로 지은 마음의 집

도쿄의 어떤 초등학교에서 졸업 문집을 만들면서 졸업생들에게 지금 가장 갖고 싶은 것을 써내라고 했더니 놀라운 결과가 나왔다.

학급 총원 서른아홉 명 중 스무 명이 '돈', 열여섯 명이 '집'을 쓴 것이다. 그리고 '전자 기타'가 한 명, '노벨상'이 한 명, '모름'이 한 명이었다. 즉, '돈'과 '집'이 90%를 넘은 것이다. 중학교, 고등학교, 대학교에 진학

하려는 아이들이 그런 것만 추구하는 것을 보고 '꿈은 아예 없는 걸까?', '조금 더 나은 대답은 없었을까?'라고 한탄하게 되었다.

아이들의 잘못이 아니다. 가정에서 그런 생각을 심어준 탓이다. 따로 가르치거나 말로 표현한 적은 없을지 몰라도 자녀는 부모의 생각을 예민하게 알아채고 받아들였을 것이다.

아이들은 부모가 입으로 하는 말, 시키는 것은 듣지 않고 반발하면서 부모가 진심으로 품은 생각은 착실히 받아들인다. 부모가 돈이 필요하다고 생각하면 자녀도 돈이 필요하다고 느낀다. 집을 갖고 싶어 하는 부모의 자녀는 어느새 '내 집'을 동경하게 된다.

일본이 전쟁에 패한 후, 살 집을 잃고 배불리 먹지 못하게 된 사람이 부지기수로 늘어났다. 당장 먹을 것이 필요했고, 어디라도 좋으니 일단 지낼 곳을 마련해야 한다는 생각으로 모두가 악착같이 살았다.

그렇게 2, 30년이 흘러 가까스로 생활이 안정되자

사람들은 좀 더 쾌적한 삶을 추구하게 되었다. 그러려면 일단 '내 집'이 필요했다. 남보다 먼저 집을 마련하려고 모두가 달리기 시작했다. 그런 가정에서 자란 효자와 효녀가 집과 돈을 최우선으로 여기게 된 것은 당연한 일이다.

열심히 돈을 모으고 빚을 내서 염원하던 집을 갖게 되면 일단 꿈을 이루는 셈이다. 하지만 그 후에도 사람들은 여전히 결핍을 느낀다. 집이 있다고 해서 인간답게 살 수 있는 것은 아니라는 사실을 뒤늦게 깨닫는다.

물론 돈을 모아 집을 산 사람 모두가 그렇지는 않겠지만, 사람은 마음이 있는 존재여서 대개 빵만으로는 살 수 없다. 집이라는 물질로 모든 것이 다 해결되지 않는다. 집은 개한테도 있지 않은가. 인간은 마음이 풍요로워야 인간답게 살 수 있다.

고도경제성장이 절정에 달했을 무렵부터 이 사실을 깨닫는 사람이 조용히 늘어나기 시작했다. 이들은 새로 생긴 여유 시간에 무언가 배우며 자신을 성장시키려 했다. 원예를 즐기는 사람이 많아졌고 도자기 공방이 여기저기 생겨났다. 하이쿠俳句, 17자로 이루어진 일본 고유의 단시 애호가도 많아져 하이쿠 열풍이 불었다. 교양에 대한 관심이 커진 덕분에 문화 센터가 생기고 사람들이 모여들었다.

사람들은 내 집을 마련한 후에 마음의 집을 짓는다. 그러면서 자신이 어떤 인간인지 이해하고 지금까지 어떤 삶을 살아왔는지 되짚어 보려 한다. 이것은 상당히 수준 높은 욕망으로 돈과 집에 대한 경제적, 물질적 욕망에 비해 훨씬 문화적이다.

자기 역사 집필이 급격히 유행하게 된 것도 많은 사람의 내면에 마음의 집을 지으려는 욕망이 싹텄기 때문일 것이다. 자기 세계를 창출하는 일이니 재미없을 수가 없다.

자기표현이라는 면에서 와카和歌, 원래 중국의 한시가 아닌 일본의 시를 총칭하는 말이었으나 지금은 일반적으로 31자의 단가를 가리킨다와 하이쿠를 읊거나 물건을 만드는 것보다 훨씬 직접적이기도 하다. 개성을 발휘하고 남에게 자신의 사람됨을 보여주기도 좋다. 그러므로 자기 역사를 쓰는 일은 거창하게 말해 '새로운 창조'라 할 수 있다.

나의 역사

우리에게는 물리적인 집만 필요한 것이 아니다. 마음의 집 역시 필요하다. 내가 지금까지 이룬 것을 하나씩 돌아보고, 그것들을 이루기 위해 무엇을 포기해야 했는지 적어보자. 그때는 포기해야 했던 것들로 이제는 내 마음속 집을 풍요롭게 채워보자.

Date   /   /

나를 알고 글을 쓴다

 독서가 사람들의 취미로 자리 잡은 지도 얼마 되지 않았다. 불과 7, 8년 전만 해도 농촌에는 책다운 책이 한 권도 없는 집이 많았다. 신문을 구독하는 사람도 거의 없었다. 심지어 시계조차 없는 집도 있었다. 그런 집에서는 아침에 해가 뜨면 일어나 일하러 나가고, 해가 지면 일을 마치고 귀가했다.

 그러다 다이쇼 중기(1920년 전후)에 여학교가 많이 생겼다. 남학교보다 여학교가 더 많아졌을 정도다. 딸을 공부시켜 좋은 데 시집보내려는 부모들의 마음에 정부가 부응한 결과다.

하지만 모처럼 학교에서 글 읽기를 배운 여성들이 읽을거리가 없었다. 이 기회를 놓칠세라 출판사들은 《주부의 벗》, 《부인 클럽》 등 부인 잡지를 창간했다. 그리고 모두 창간되자마자 대규모로 성장했다.

그러나 패전 이후 상황이 또 달라졌다. 여성들이 여학교를 넘어 여자 단과대까지 진출한 것이다. 단과대를 졸업한 여성들은 '부인'이나 '주부'라는 말보다 '여성'이라는 말을 선호했으므로 《여성 자신》이라는 주간지가 새로 등장했다.

한편 이 잡지가 지향하는 의식을 공유하기에 연령대가 조금 높은 여성들 사이에서는 신변에 관한 짧은 글을 쓰는 것이 지적이고 바람직한 일로 여겨지며 유행했다. 《아사히 신문》의 '가정주부' 코너에 마련된 〈히토토키—時, 한때〉라는 칼럼이 그들, '글 쓰는 여성'의

공식 무대가 되었다. 남자들도 이 칼럼을 재미있게 읽었다. 헤이안 시대 이래 글을 쓰려는 여성이 이렇게나 많았던 적은 없을 것이다.

그러나 글쓰기는 읽기보다 어려웠다. 쓰고 싶어도 쓸 기회가 없었고, 배우고 싶어도 가르치는 데가 없어서 막막했다. 그때 문화 센터가 등장했다. 문화 센터는 모든 학문, 모든 예술의 기초를 가르치는 사회인의 학교, 성인의 학교였다. 당연히 글쓰기 교실도 있었고 에세이 쓰기 강좌, 소설 쓰기 강좌도 개설되었다. 이전의 하이쿠, 와카 교실과는 조금 다른 강좌였다.

하지만 수강생들에게 글쓰기 연습을 시키고 싶어도 무엇을 쓰게 하느냐가 문제였다. 강사들도 뾰족한 수가 없어서 고민했다.

지금은 어떤지 몰라도 당시 초등학교 작문(그때는 '글짓기'라고 했지만) 시간에는 과제가 궁했던 교사들이 '뭐든 좋으니 생각나는 것을 생각나는 대로 써라'라고 지시하기도 했다. 어린아이들에게 이게 얼마나 어려운 일인지 교사들도 몰랐다. 아이들은 아무 생각 없이 아무 거나 써내서 숙제를 때웠다. 생각난 것을 생각난 대로 쓸 수 있을 정도면 사실은 엄청난 문장가다.

물론 문화 센터는 그런 무책임한 과제는 내지 않았다. 그 대신 가장 쓰기 쉬워 보이는 '자기 이야기'를 쓰라고 했다. 그러나 생각만큼 쉽지 않았다. 쉽기는커녕 무척 어려웠다. 흐리멍덩한 각오로는 부족했다.

자기 역사는 단순한 신변잡기가 아니다. 제대로 쓰겠다는 각오로 임해야만 목표를 설정할 수 있다. 몹시 어려운 글을 쓴다는 각오가 미리 되어 있을 리 없으니, '모르는 것이 약'이라는 말처럼 차라리 모르고 시작하는 편이 나을지도 모르겠다.

아무리 유명한 외과의라도 자식의 맹장 수술은 동료 의사에게 맡긴다. 부모의 정 때문에 자식에게는 솜씨를 발휘하지 못할 것이 뻔하기 때문이다. 자식은 제 몸 같은 존재고, 자기 몸에 메스를 댈 수 있는 사람은 없다.

그래서 자식이 어처구니없는 일을 저질렀을 때 '우리 아이가 그런 짓을 할 리가 없다'라고 부인하는 부모가 종종 있다. 너무 가까운 관계라 남이 다 아는 것을 모르는 것이다.

하물며 자기 자신은 더더욱 알기 어렵다. 남의 일은 판단하기 쉽지만, 자기 일은 이런저런 사정이 복잡하게 얽혀 있어서 명쾌하게 정리되지 않는다. 그러니 과감하게 '나는 이런 인간이다'라며 글을 시작해도 세 줄도 쓰지 못해 좌절하기 십상이다.

그러므로 자기 역사를 쓸 때는 자신을 알기가 얼마나 어려운지 미리 고려해야 한다. 그다음 무엇을 쓸지 결정하면 된다. 이것은 다시 말해 무엇을 쓰지 않을지 결정하는 일이다. 나에 대해서 전부 다 쓸 수도 없겠지만, 그러다가는 큰 혼란을 초래할 것이기 때문이다.

참고로 최근의 일은 되도록 다루지 않는 것이 좋다. 젊은 시절이나 어린 시절의 자신에 관한 이야기가 아니면 정리해서 쓰기가 어려울 것이다.

나의 역사

자기 역사 쓰기는 나에 대해 정확히 아는 일에서부터 출발한다. 이것은 분명 쉬운 일이 아니지만 두 가지를 구분함으로써 효과적으로 물꼬를 틀 수 있다. 나의 이야기 중 무엇을 쓰고, 무엇을 쓰지 않을지 정리해보자. 읽는 사람의 입장을 고려한다면 기준을 잡기가 한결 쉬워질 것이다.

Date   /   /

순서를 바꾸는 글쓰기

 친한 고향 친구에게서 만나자고 연락이 왔다. 무슨 일인지 물어보니 글을 쓰고 있다고 한다. 아니, 쓰려고 하는데 잘 되지 않는단다. 써 놓은 것을 부인에게 보여 줬더니 '책만 읽는 사람이 어째서 이렇게밖에 못 쓰느냐'라고 해서 충격을 받아 의욕도 사라졌다고 한다. 하지만 꼭 쓰고 싶은 내용이 있는데 어떻게 하면 좋을지 상담해 달라는 것이다.

이 친구를 만나서 이야기를 들었다. 그는 먼 옛날 오다 노부나가가 이마가와 요시모토를 물리친 전쟁터인 오케하자마에 살고 있다. 그런 유서 깊은 지역이다 보니 관청에서 역사 서적을 편찬하겠다며 친구에게 글을 부탁했고, 친구도 원체 역사를 좋아하는지라 흔쾌히 승낙한 모양이다.

그런데 고사와 구전 등 자료를 모은 지 반년이 넘었는데도 도무지 첫머리가 써지지 않는다고 했다. 몇 번을 고쳐 써도 도무지 앞으로 나아가지 못하고 뒤로 돌아가기만 하는 기분이라서 펜을 던져 버리기를 반복하는 중이란다.

나는 이 말을 듣고 '네가 너무 양심적이어서 그렇다. 누구나 첫머리를 쓰기가 제일 어렵다. 망쳐서 찢어버린 종이가 산더미처럼 쌓였다는 소설가가 한둘이 아니다. 전혀 비관할 일이 아니다. 다만 너무 잘 쓰려고 하지 않는 것이 좋다. 힘이 들어가면 머리가 굳어져서 잘 돌아가지 않는다. 되도록 평소처럼 쓰면 된다'라며 친구를 격려했다.

초등학교 1, 2학년쯤 되는 아이가 쓴 글씨는 대개 힘차고 편안하며 아름답다. 하지만 중학생쯤 되면 글씨에 주눅이 든다. 어린이의 천진함, 순박함이 사라지고 잘 쓰려는 마음이 작용하기 때문이다. 글쓰기도 똑같다. 초등학생이 쓴 어설픈 글은 재미있다. 그러나 고등학생이 쓴 글은 무미건조할 때가 많다. 잘 쓰고 싶은 마음이 글에서 힘을 빼앗은 탓이다.

원래 글은 시작이 가장 어렵다. 게다가 능숙하게 써야 한다는 압박감이 있으면 더 어려워지는 것이 당연하다. 그래서 남에게 칭찬받는 글을 쓰겠다는 야심부터 버려야 한다고 친구에게 충고했다.

이어 '말 많은 어른을 독자로 상정하면 쓰기 어렵다. 아이에게 말하는 듯한 자세로 쓰면 된다. 세련된 말을 쓸 것도 없다. 수수한 말로 평범한 이야기를 쓰는 게 가장 현명한 방식이다'라고 말하며, 쓰는 순서를 바꿔보라고 덧붙였다.

어떻게 하면 되느냐고 묻기에 '지금 가장 쉽게 써질 듯한 부분, 재미있는 부분을 먼저 써라. 내용상 뒤에 나온다고 해도 일단 그것부터 술술 쓰는 거다. 순서는 글을 다 쓴 다음에 천천히 바꾸면 된다. 우선 착수하기 쉬운 곳부터 시작해라. 잘 써지는 부분부터 순서에 얽매이지 않고 써 봐라'라고 대답했다.

이것은 영국의 위대한 역사가 에드워드 카가 가르쳐 준 방법이다. 카는 책을 쓸 때 1장부터 순서대로 쓰지 않고 자신 있는 부분, 잘 써지는 부분부터 썼다고 한다. 그러면 기세가 붙어서 어려운 부분도 비교적 쉽게 넘어갈 수 있다는 것이다. 나도 이 말에 크게 감명받은 후 되도록 그 방법을 실천하고 있다.

나중에 친구의 이야기를 들어보니 제일 잘 써질 듯한 부분이 뒤에서 대략 3분의 1에 해당하는 지점에 있었는데, 과감하게 그 부분부터 썼더니 겨우 글이 풀렸다고 한다. 적어도 첫머리에서 쩔쩔맬 때보다는 훨씬 편하게 써졌단다.

로마의 시인이자 학자인 호라티우스도 '이야기는 중간에서부터 (시작하는 게 좋다)'라고 말했다. 사건의 발단부터 시간 순서대로 서술하는 것이 아니라 이야기의 중간 부분을 과감히 처음에 제시하면 좋은 작품이 된다는 것이다. 잘 써지는 부분부터 쓰라는 카의 이론과도 일맥상통하는 작법이다. 다만 카는 나중에 순서를 바꿀 것을 상정했지만, 호라티우스는 이야기의 중간을 첫머리에 그대로 두고 작품을 완성하는 방법을 제안했다.

그러고 보면 영화에서도 시간 순서대로 사건을 전개하지 않고 나중에 일어난 사건을 먼저 보여주어 관객의 흥미를 유발한 다음, 과거 회상 장면을 플래시백으로 보여주곤 한다. 글을 쓸 때도 시간상 나중에 일어난 사건을 처음에 서술하고, 그다음 과거를 서술하는 플래시백 기법이 효과적이다.

이렇게 충고하긴 했는데 친구가 그대로 실천했는지는 잘 모르겠다.

나의 역사

글쓰기에 익숙하지 않은 사람은 글의 첫머리부터 써야 한다는 강박에 사로잡히기 쉽다. 하지만 좋은 글쓰기는 순서에 구애받지 않는다. 자기 역사 쓰기도 마찬가지다. 쓰고 싶은 이야기를 골랐다면, 그 이야기에서 가장 쓰고 싶은 부분 먼저 적어보자. 시간 순서를 꼭 지키지 않아도 좋다.

Date   /   /

삶이라는 은유

 자기 이야기를 직접 쓰기가 쑥스럽다는 사람이 많을 듯하다. 일본인에게 그런 경향이 더 강해 보이는 것은 원래 일본어가 일인칭 단수 대명사인 '나(私)'를 드러내지 않기 때문일지도 모르겠다. 영어나 다른 언어로 된 문장에는 '나(I)' 등 주어가 꼭 필요하지만, 일본어 문장은 주어가 없어도 얼마든지 성립한다.

 나쓰메 소세키의 『풀베개』도

산길을 오르며 이렇게 생각했다.

로 시작된다. 그리고 그 뒤에

이치를 따지면 모가 나고, 감정에 치우치면 뒤처지고, 고집을 피우면 외로워진다. 대체로 인간 세상은 살기 어렵다.

라는 유명한 문장이 이어진다. 물론 두 문장 다 주어를 생략했다.
2장 역시 이렇게 시작된다.

"이봐"라고 말을 걸었으나 답이 없다.

분명 '나'가 말을 걸었지만 '나'라는 말은 보이지 않는다. 이후 주인공의 동작이 쭉 묘사될 때도 주어는 계속 감춰져 있어 드러나지 않는다. 몇 페이지 더 읽은 후에야 드디어 '나는'이라는 말이 나온다.

이런 언어로 말하고 쓰다 보면 '나' 중심으로 글을 쓰는 것 자체가 불편해진다. 다른 나라보다 일본에서 사소설私小說, 자기 경험을 허구화하지 않고 그대로 쓴 소설이라는 장르가 발달한 것도 그 때문이 아닐까? 자기 이야기를 드러내놓고 쓸 수 없었던 작가들이 소설이라는 허구의 형식을 빌려 자기 이야기를 풀어놓은 것일지도 모른다.

그리고 보면 와카나 하이쿠에서도 보통 '나'라는 말을 생략하면서 '나'의 생각을 말한다. 꽃, 새, 바람, 달 같은 사물에 자신의 마음을 투영한다.

요즘 정년퇴직을 기념하여 와카 모음집을 내거나 하이쿠 모음집을 만들어 친구들에게 돌리는 사람이 많다. 일반 독자에게는 판매되지 않는 것이 보통이지만 저자에게는 이루 말할 수 없이 자랑스러운 자기표현일 것이다. 적지 않은 비용을 기꺼이 들여 출판하므로 이런 자비 출판을 맡아주는 출판사도 꽤 많아졌다.

이렇게 출판된 와카나 하이쿠에는 집필 당시의 마

음이 담기는데, 긴 기간에 걸쳐 작품을 모은 만큼 그때그때 저자의 정신 상태가 반영될 수밖에 없다. 이런 기념 하이쿠 모음집, 와카 모음집을 지칭하는 용어는 아직 없지만 이 역시 훌륭한 자기 역사라 할 수 있다.

자기 이야기를 대놓고 늘어놓기가 쑥스럽다는 사람도 이처럼 문학 작품을 매개로 삼으면 저항감을 줄일 수 있을 것이다.

위장을 잘라 내려 하니
동짓달 비가 자꾸 내리네

이것은 어떤 기업의 간부가 퇴직할 즈음에 출간한 하이쿠 모음집의 한 구절이다. 같은 이야기를 산문으로 풀어냈다면 어땠을까? 아마 이만한 감동은 없었을 것이다. 어느 정도 간접적으로 표현한 덕분에 오히려 독자의 심금을 울렸다고 생각한다.

같은 하이쿠 모음집에 있는

부부겠지, 떨어져서 추우니
아이를 부둥켜안는 건

이라는 구절 역시 상당히 예전에 읽었는데도 잊히지 않을 만큼 인상적이다.

만난 적도 없는 고인의 사람됨까지 이 구절로 추측할 수 있다. 이런 간결한 형식의 문학은 기억에 오래 남는다는 점에서 독보적인 듯하다. 요즘 기념 와카 모음집, 기념 하이쿠 모음집 출판이 유행하는 것도 당연한 일이다.

그러나 와카나 하이쿠 모음집만 그런 것이 아니다. 오랫동안 써서 모은 글은 무엇이든 과거의 자신을 담은 기록이므로 잘 엮기만 하면 훌륭한 자기 역사가 된다. 실제로 회고 문집 형식의 출판물이 아주 많이 출판되어 있다. 다만 모아 두었다 해도 재가공이나 출판을 고려하지 않고 쓴 글이 대부분일 테니 상당히 공들여 편집해야만 정돈된 출판물의 재료가 될 수 있다.

출판사에서는 전집을 편집할 때 대개 저자가 쓴 편지를 싣는다. 물론 전부는 아니겠지만 편지에는 그 사람의 실제 인격이 잘 드러나기 때문이다. 그래서 문학 연구자들도 편지에 주목한다.

그러나 일반인은 받은 편지를 보관할 수는 있어도 보낸 편지를 회수하기는 어렵다. 누구에게 보냈는지조차 잊는 것이 보통이다. 보낸 편지를 회수할 수만 있다면 그것을 편집하여 하나뿐인 자기 역사를 편찬할 수 있을 것이다. 회수하기 어렵다면 편지를 보내기 전에 복사해두는 것도 하나의 방법이다.

하지만 그렇게 마음먹고 쓰거나 모으지 않아도 저절로 쌓여 자기 역사가 되는 것이 많다. 우리가 하는 모든 일이 곧 자기 역사의 재료가 된다. 그리고 보면 누구나 모르는 새 자기 역사를 만들면서 살아가는 셈이다. (단, 요즘은 세상만사를 편지 대신 전화로 해결하게 되었는데,

전화는 일회성이라서 그 순간이 지나면 내용이 사라져버리므로 자기 역사의 소재가 되기 어렵다.)

'나'라는 말 자체에 부끄러움을 느끼는 사람이라도 이처럼 '나'가 전면에 드러나지 않는 간접적 형식을 택하면 자기 역사를 얼마든지 쓸 수 있다.

나의 역사

서술자가 '나'인 글을 쓰는 것이 어딘가 겸연쩍게 느껴질지 모른다. 다른 사람에게 보여주어야 한다면 더욱이 그렇다. 그렇다면 나를 간접적으로 표현할 수 있는 글쓰기 형식을 고민해보자. 직접 짧은 시를 지어도 좋고, 나의 마음을 울린 작품의 구절을 적어도 좋다. 빈칸을 자유롭게 채워보자.

Date   /   /

2부

현명한 읽기 좋은 쓰기를 위한

　자기 역사를 쓰겠다고 결심하자마자 펜을 드는 사람이 많다. 하이쿠도 마찬가지여서 계절어와 5·7·5, 매듭말에 관한 규칙을 배우자마자 곧바로 시를 짓는 사람이 종종 있다. 기존의 명작을 찬찬히 감상하는 과정도 없이 철저히 자기 스타일로만 가득한 작은 세계에 열중하는 것이다. 하지만 그런 사람은 오히려 자신만의 개성을 발휘하기 어렵다.

글을 쓸 때도 비슷하다. 쓰겠다고 결심하면 쓰는 것만 생각하고 남이 쓴 것을 읽으려 들지 않는 사람이 많다. 하지만 원래 읽기와 쓰기는 전혀 다른 지적 활동이다. 쓰기에만 집중하면 책을 읽을 여유가 없어지는 것도 어쩌면 당연하다. 쓰기 시작하면 집중해서 책을 읽기가 어려워진다. 하지만 쓰려면 먼저 읽어야 한다. 기본적으로 잘 읽지 않고서는 제대로 쓸 수 없다.

어린아이는 남의 글을 읽지 않아도 생생한 글을 쓸 수 있다. 오히려 어설픈 패턴을 따르려 하면 글에 주눅이 들기 쉽다.

하지만 성인은 다르다. 단언하건대 읽지 않고 바로 쓰면 결과가 좋지 않을 것이다. 아이와 달리 능숙하게 쓰고 싶다는 마음이 작용하기 때문이다. 그래서 진부한 미사여구를 여기저기 늘어놓아 지저분한 글을 만들어낸다. 읽기가 부족하면 그렇게 된다.

책을 충분히 읽는다고 항변하는 사람도 있을 것이다. 그중에는 상당한 독서가도 있을지 모른다. 하지만 그저 읽기만 하면 아무 도움도 되지 않는다. 학교에서 국어를 가르치는 교사를 생각해보자. 그들은 뛰어난 글을 일반인보다 훨씬 많이 접하므로 글을 상당히 잘 쓸 것 같지만, 실제로 모든 국어 교사가 다 훌륭한 문장가는 아니다. 읽기 위해 읽고, 가르치기 위해 읽는다고 제대로 된 문장을 쓸 수 있는 것이 아니다. 그저 읽기만 해서는 안 된다.

잘 쓰고 싶다는 생각으로 읽어야 한다. 이 사실을 아는 사람은 많지 않다. 잘 쓰기 위해 읽는다는 것은 쓸 것을 생각하며 읽는다는 뜻이다. 보통은 그렇게 읽지 않는다. 그렇다고 책에 있는 세련된 말을 외워뒀다가 나중에 써먹겠다는 태도도 좋지 않다.

그렇다면 어떻게 읽어야 할까? 읽으면서 더 본질적인 작법, 즉 문체를 몸에 익혀야 한다. 문체가 있는 글이야말로 살아 있는 글이기 때문이다.

다음으로는 구체적으로 어떤 글을 읽어야 할지 고민해야 한다. 손에 잡히는 대로 읽으면 될까? 당연히 그럴 리가 없다. 남에게 추천받는 것도 현명하지 않다. 읽을 책을 스스로 찾아야 의미가 있다. 자신에게 맞는 책을 골라 읽으며 그 문체를 체득하자.

하지만 처음부터 잘 맞는 책을 만나기는 쉽지 않다. 그러므로 일단은 관심 가는 책이나 예전에 읽었다가 감명받았던 책 등을 읽어보자. 그런 책을 이것저것 닥치는 대로 읽자. 그러다 보면 '이게 내 본보기다'라고 생각되는 책이 나타날 것이다.

객관적으로 훌륭한 책이 아니어도 괜찮다. 본인의 감각이 중요하다. 결과적으로 좋지 않은 본보기였다고 해도 운이 나빴다고 생각하면 된다. 그래도 타인이 추천한 책 따위에 의지했던 사람보다는 훨씬 나을 것이다. 무조건 나에게 와닿은 문체를 따라가야 한다.

그리고 이런 '내 책'은 한 권 또는 두 권이면 충분하다. 욕심을 부려 대여섯 권을 고르지 말자. 그래도 많이 고르고 싶다면 최소한 작가만이라도 통일하자.

'내 책'을 찾았다면 무조건 읽자. 한 번이나 두 번으로는 턱없이 부족하다. 다섯 번, 열 번씩 반복하여 읽어야 한다. 내용을 거의 외울 정도가 되면 자신도 모르게 글의 '골격'을 꿰뚫게 된다. 옛말에 '책이나 글을 백 번 읽으면 그 뜻이 저절로 이해된다'라고 했는데, 여기서 말하는 '뜻'이 바로 '골격'에 해당한다.

그러면 백 번까지 읽기 전에 문체를 자연스레 이해하게 될 것이다. 엄밀히 말해 이해한다기보다 문체가 우리에게 스며든다. 딱히 모방할 생각이 없는데도 그 문체를 어느 정도 자연스럽게 구사하게 되는 것이다.

소세키의 글을 숙독한 사람은 무심결에 글을 써도 '어쩐지 소세키가 떠오르는 글이다'라는 말을 듣는다. 이런 상태가 이상적이다. 계속 모방한다면 한심한 노릇이겠지만 그것 역시 문체랄 것이 전혀 없고 줏대 없는 글보다는 낫다.

그런 의미에서 지금부터 글쓰기에 도움이 될 듯한 문장을 몇 개 소개하겠다. 편의상 자기 역사와 장르가 비슷한 작품에서 발췌했다.

나의 역사

제대로 된 글을 쓰기 위해서는 먼저 많이 읽어야 한다. 특히 문체가 내 마음을 울리는 작가를 찾아 '내 책'을 한두 권 만드는 과정이 반드시 필요하다. 평소 내가 좋아하던 작가, 관심 있게 보던 작가와 그 작품을 나열하고, 가장 좋아하는 문장을 골라 적어보자.

Date   /   /

고전의 지혜를 빌리다

　에세이는 예전에는 수필로 불렸지만, 요즘은 에세이라는 이름 자체로 더 많이 불린다. 똑같지는 않지만 일반적으로 두 가지가 같은 장르로 여겨진다.

　에세이는 영어에서 유래했다. 1597년에 영국의 프랜시스 베이컨이 『수상록 The Essays』이라는 책을 냈는데, 이 책이 널리 읽힌 덕분에 이런 장르가 '에세이'로 불리게 된 것이다.

하지만 에세이라는 작문 방식은 베이컨의 발명품이 아니다. 베이컨의 책이 나오기 십여 년 전인 1580년에 프랑스의 몽테뉴가 이미 『에세Essai』라는 책을 냈기 때문이다. 그로부터 얼마 후 이 책이 영국으로 넘어갔고, 베이컨이 동명의 문집을 출간했다. 그러므로 에세이의 기원은 프랑스라고 해야 할지도 모르겠다.

『에세』는 유럽에서도 고전으로 통하는 책으로, 지금도 많은 사람이 정독하고 있다. 인생의 지혜가 담긴 책, 삶의 방식을 넌지시 알려 주는 경전으로 손꼽힌다.

몽테뉴는 『에세』의 첫 문장에서 이렇게 말했다.

독자들이여, 이것은 거짓 없는 정직한 글입니다. 제일 먼저 알리고 싶은 사실은 이 책을 쓸 때 저 자신 외에 아무것도 보지 않았다는 것입니다.

이런 책은 인류 역사가 시작된 이래 처음이었다. 완전히 새로운 형식이었으므로 『에세』는(『수상록』도 그렇

^지만^ 분명 시험적 저술이다.

뒤이어 몽테뉴는 이렇게 말했다.

> 여러분에게 도움을 주거나 제 명예를 빛내는 일 따위는 전혀 생각하지 않았습니다. (중략) 저는 그저 제 일가와 친구에게 즐거움과 위로를 주려고 이 글을 썼습니다.

이 문장을 통해 몽테뉴가 자기 역사를 집필했다는 사실을 알 수 있다. 자기 역사를 쓰는 현대인들도 똑같은 마음일 것이다. 몽테뉴는 계속 말했다.

> 이 책에 드러난 제 자연스러운 일상을, 있는 그대로를 지켜봐 주십시오. 저는 여기에 제 모습을 온전히 그려냈습니다. 결점도 뚜렷이 드러냈습니다. 타고난 버릇까지 세간에 실례가 되지 않는 한 정직하게 썼습니다.

그리고 마무리를 이렇게 지었다.

제가 곧 이 책의 내용입니다.

그야말로 자기 역사를 쓰는 사람이 깊이 새겨야 할 마음가짐이라 할 수 있다.

위 인용만 보면 몽테뉴가 자기 이야기만 썼다고 오해하기 쉬운데, 실제로는 전혀 그렇지 않다. 몽테뉴는 자기 생각을 있는 그대로 털어놓지 않았다. 그 대신 고사나 다양한 서적에서 관련 내용을 명확히 인용하고 그 역사에 근거하여 자기 생각을 펼쳤다. 그래서 자칫하면 사례나 증거에만 치중했다는 인상을 줄 수도 있다. 그러나 이렇게 남의 기록을 빌린 덕분에 오히려 진실을 말할 수 있었을 것이다.

몽테뉴는 전례 없이 자기 자신을 자세히 관찰하는 문학을 만들어내려 했을 뿐, 자신을 있는 그대로 표현한다는 생각조차 하지 못했을지도 모른다. 그래도 몽테뉴는 『에세』에서 간접적 자기표현을 시도한 셈이다.

급이 다르기는 하지만 이런 점에서는 만년에 하이쿠나 와카 모음집, 문집을 출판하여 자신을 남에게 널리 알리는 행위와 같다고 볼 수 있다.

다만 몽테뉴의 방식을 따르려면 글을 방대하게 읽어야 한다. 신문과 잡지 정도만 읽는 사람은 몽테뉴의 간접적 자기표현을 흉내 내기 어렵다. 몽테뉴처럼 옛사람과 선인의 지혜를 충분히 활용하지 못하는 사람은 이야기 형식을 취하는 수밖에 없을 것이다.

그런데 이야기 형식을 취하면 어쨌든 어느 정도 허구적 성격을 띠게 되므로 몽테뉴처럼 '거짓 없는 정직한 이야기'라고 단언하기는 어려워진다.

따라서 자기 역사를 쓰려면 어떤 양식을 택할 것인지 미리 정해두는 것이 좋다. 자기 이야기를 거짓 없이 쓸 것인지, 읽을거리로서의 형식을 갖추어 쓸 것인지 정해야 한다. 둘 다 쉽지는 않을 테지만 말이다.

나의 역사

자기 역사를 쓰기로 결정했고, 여러 책을 찾아보았다면 이제는 어떻게 나의 글을 쓸 것인지 고민해야 한다. 몽테뉴는 여러 선인의 지혜와 고전을 인용하여 간접적으로 자기를 표현하는 책인 『에세』를 남겼다. 몽테뉴처럼 적확한 인용만으로 나를 표현하는 일은 상당한 내공을 요한다. 나의 이야기에 적절한 인용을 한 문장 정도 섞는 글쓰기를 연습해보자.

Date   /   /

이것은 자서전이 아니다

 장르의 역사가 짧아서 그런지 자서전이라는 이름이 붙은 책은 글의 수준은 대개 고만고만하다.

 그 예가 일본 경제 신문에 매일 연재되는 '나의 이력서'다. 각계 명사가 한 달에 한 명씩 돌아가며 자서전을 쓰는 코너다. 십몇 년 넘게 이어지다보니 그 신문의 특징이 되었다. 하지만 읽고 나서 재미있었다고 느낄 때는 많지 않다. 그나마 그날의 기사는 그럭저럭 읽을 만하지만 기사를 한데 모아 만든 책을 읽다보면 도중에 몹시 지루해지거나 시시해진다. 이 기사의 분량은 매회 1600자, 즉 400자 원고지로 네 장 분량이다. 이 정도 길이까지는 편하게 읽히지만 더 길어지면 지겨워진다는 뜻이다. 어쩌면 이게 자서전의 숙명일지도 모르겠다는 생각이 들었다.

하지만 기쿠치 간의 『반자서전半自敍傳』을 읽을 때는 깜짝 놀랐다. 숨 쉴 틈도 없이 처음부터 끝까지 독자를 끌어당기는 글이었기 때문이다. 무서울 만큼 박력 있었다. 특별히 재미있게 쓰려던 것은 아닌 듯한데 독보적으로 재미있는 자서전의 백미였다. 이에 필적할 만한 자서전을 아직 찾지 못했다.

기쿠치 간은 자신이 발행하는 잡지 《문예춘추》의 1928년 4월 호부터 이듬해인 1929년 12월 호에 이 자서전을 연재했는데, 그 서문에서

나는 자서전 따위는 전혀 쓰고 싶지 않다.

라고 불만스럽게 내뱉었다. 그리고 뒤이어 이렇게 말했다.

하지만《문예춘추》에 무언가 조금 더 쓰고 싶어서 자서전이라도 써볼까 생각했다.

쓰고 싶지 않다면서 왜 썼나 했더니 그런 이유가 있었다.

구체적인 기억이 많지 않다. (중략) 나는 소년 시절의 일 따위는 서술하지 않겠다.

서문에서 이렇게 말해서 성인이 된 후의 이야기를 하겠구나 싶었는데 실제로는 어릴 때 이야기부터 시작한다. 게다가 상당히 자세히 묘사한 것을 보니 서문에서 한 말은 까맣게 잊은 듯하다.

그러나 독자는 필자의 이런 태연자약한 말투를 편

안하게 느낀다. 마음먹고 힘주어 쓴 글에는 독자들이 뒷걸음치기 쉽다.

1928년에 마흔 살이었던 기쿠치 간은 일본 소설가로서 전례 없는 인기와 명성을 누리고 있었다. 그런 사람이 자서전을 쓴다고 하면 아무래도 기대가 커지기 마련이다. 하지만 '쓰고 싶지 않다'라는 말에 독자는 기대치를 낮춘다. 역시 독자의 심리를 잘 아는 것이다.

게다가 '어릴 때 일 따위는 쓰지 않겠다'라고 말해놓고 상당히 자세히 써놓았다. 특히 놀이에 관해서는 열변을 토한다. 무척 그리웠던 모양이다.

나는 친구들에게 '때까치 박사'로 불릴 만큼 때까치를 잘 떨어뜨렸다.

이렇게 말하며 때까치 후리는 법과 실제 잡는 법 등을 자세히 설명한 부분에서는 소년 시절의 저자를 직접 보는 듯한 기분이 든다.

때까치 열 마리를 노리면 예닐곱 마리는 잡았다.

이 문장을 읽으며 '참 즐거웠겠구나' 싶은 생각이 드니 묘한 일이다.

대체로 유소년기는 누구에게나 신화의 시대, 동화의 세계다. 그 시절의 추억 자체가 시와 이야기가 되어 쓸데없이 가공하지 않아도 사람의 마음을 움직인다. 그래서 작가가 어린 시절 이야기나 소년, 소녀 시절 이야기를 쓰면 대체로 뛰어난 작품이 된다.

기쿠치 간도 그 사실을 알았을지 모르겠지만, 소년 시절의 이야기를 쓰지 않겠다고 말해 놓고 실제로는 전체의 4분의 1, 원고지 50장이 넘는 분량을 할애했다. 막상 첫 문장을 쓰고 나니 멈출 수 없게 된 것일까?

기쿠치 간은 소년 시절을 회고하는 글 사이에 자신의 인생관을 불쑥 끼워 넣기도 했다.

어릴 때 고생은 사서도 한다거나 그저 만년에 편

하면 된다고 말하는 사람이 많다. 그러나 오히려 어려서 감각과 감정이 생생할 때, 재미있는 경험을 많이 하면 늙어서 다소 고생해도 괜찮지 않을까? 어릴 때 이루지 못한 소망을 나이 먹고 나서 이룰 방법은 결코 없을지도 모른다.

마음을 울리는 말이다. 절절히 공감한다.

나는 누구와도 의논하려 들지 않았다. 우리 가정은 다른 일본 가정이 종종 그렇듯 생활에 가장 중요한 것에 관해서는 묵묵히 아무 말도 하지 않는 분위기였다.

위 문장에서도 깊은 고독이 느껴진다.
이 『반자서전』이 특별한 자서전이 된 것은 인간에 대한 이런 통찰 덕분일 것이다.
그런가 하면 '자세히 기억나지 않는다'라고 말할 것

같은 부분에서 아래와 같이 아주 구체적인 숫자를 제시하는 것도 재미있다.

> 상경 직후 메밀국숫집에 갔더니 '모리카케 3전'이라고 쓰여 있었다. 그게 '모리もり, 양념 장국에 찍어 먹는 일본식 메밀국수 3전, 카케 かけ, 면기에 담아내는 따뜻한 메밀국수 3전'이라는 뜻일 줄은 몰랐다. 그저 '모리카케라는 메뉴가 있구나'라고 생각했다. 그래서 상당히 오랫동안 '모리카케 주세요'라고 주문했다. 그러면 국숫집에서는 거의 매번 모리를 내줬다.

신혼 시절 이야기도 나온다.

> 나고야에 가서 시내를 구경했을 때 아내가 나에게 11엔 80전짜리 금테 안경을 사주었다. 그때까지 은이나 철로 된 안경을 썼던 모양이다.

물건을 훔쳤다고 의심받아 제일고등학교에서 퇴학당한 일도 이야기한다. 이건 기쿠치 간 반생의 최대 사건이었으나 사실을 담담히 말할 뿐 감정적인 태도가 전혀 보이지 않는다. 이에 독자는 오히려 더 강한 자극을 받는다.

'감정적'이라고 말하고 보니 이 자서전에서 격렬한 감정을 드러내는 말을 거의 못 본 것 같다.

묵묵히 고향으로 돌아가 결혼했다. 그때 어머니가 '2, 3년 더 독신으로 살아도 좋을 텐데…'라고 말했다. 내가 결혼하면 돈을 잘 보내지 못하게 될까 염려하는 마음이 느껴져서 기분이 별로 좋지 않았다.

기쿠치 간은 늘 이런 식으로 감정을 절제하여 표현했다. 자신이 보낸 편지를 지인이 예고도 없이 공개한 일에 관해서도 '기분이 좋지 않았다'라고 말했을 뿐이다. 이뿐만 아니라 전체적으로 표현이 절제되어 있어서 더 깊은 감동을 준다.

작가로 등단한 후의 이야기도 아쿠타가와 류노스케, 구메 오사무, 가와바타 야스나리 같은 이름이 등장하다 보니 꽤 재미있긴 하지만 어째서인지 소년 시절, 청년 시절의 회상에 숨어 있었던 열기 같은 게 사라지고 없다. 어쩔 수 없는 일인가 보다.

『반자서전』은 좋은 의미로 산문적이다. 시처럼 심오한 뜻을 숨기지도 않고 문어체를 쓰지도 않아서 개운하다. 사실이 있는 그대로 기록되지 않았을 텐데도 있는 그대로 기록되었다고 느끼게 하는 점이 정말 훌륭하다.

그래서 평론가인 고바야시 히데오는 이렇게 말하기도 했다.

> 『반자서전』은 작가 특유의 '고백 병'을 명확히 극복했다는 점에서 특별하다. (중략) 자기반성

따위는 전혀 늘어놓지 않고 직접 본 것, 행동한 것만 담백하게 전달한다. 낙천적이고 실천적이며 반성을 위한 반성은 전혀 없으니 (하략)

'본 것, 행동한 것만 담백하게 전달하는' 것이 산문이다. 자서전도 그런 산문을 활용하면 얼마만큼 재미있어질 수 있는지 기쿠치 간의 『반자서전』이 증명한다.

자기 역사를 쓰려는 사람은 우선 이 『반자서전』을 세 번쯤 읽고 감상하자. 자기 역사의 고전이라고 해도 결코 과언이 아닌 책이다.

직접 보고 경험한 것만 담백하게, 낙천적으로, 실천적으로 전달해보자.

나의 역사

감정이 과도하게 실린 글을 읽다 보면 독자는 금세 피로해진다. 자기 역사를 쓸 때에도 산문처럼 보고 겪은 것만 담백하게 전달한다면 훨씬 탁월한 글이 될 것이다. 나의 이야기를 하나 고른 후, 최대한 감정을 덜어낸 문장으로 풀어내보자. 나를 감정적으로 동요하게 만들었던 이야기라면 더욱 좋다.

Date   /   /

문학이 되는 생애

『낙천 소녀 지나갑니다 楽天少女通ります-私の履歴書』는 저자인 다나베 세이코의 반생을 그린 자서전으로, 제목에서 짐작할 수 있듯이 유년기를 다룬 부분이 특히 재미있다.

오사카의 사진관에서 태어났다는 이야기를 할 때 저자는 첫머리에

나는 아빠를 사랑한다.

라고 쓰면서,

아빠의 단명을 애처롭게 생각한다. 마음이 이렇게 바뀐 것은 내가 일흔 가까이 되었기 때문이다. 지금까지 나는 내 인생을 쟁취하는 데 필사적이었다. (중략) 그 일에 급급해 오래전에 세상을 떠난 아빠를 떠올릴 틈도 없었다는 것이 솔직한 심정이다.

이렇게 아버지를 회상한다. 역시 소설가다. 보통은 이런 식으로 말하지 않는다.
어린 시절은 이렇게 표현되어 있다.

학교에서 돌아오면 란도셀ランドセル, **일본 초등학생 가방의 대표 브랜드**부터 집어던지고 "숙제는?"이라고

소리치는 엄마를 본체만체하며 달려 나간다. 군 것질과 종이 인형 놀이를 즐기는 틈틈이 줄넘기, 술래잡기도 하고 더 화끈하게 놀고 싶을 때는 시영 전철 거리 건너편의 공터에 간다.

나는 거짓말을 자주 하는 아이였다. 엄마가 "숙제는?"이라고 재촉하면 "숙제 없어!"라고 거짓말을 하고 우리 집 개 뽀빠이와 놀러 나가버린다. 그리고 밤늦게 잠들기 전에야 엄마 몰래 날림으로 숙제를 해치운다. 점수가 형편없는 시험지는 숨기고 점수를 잘 받은 것만 보여 준다.

이런 식으로 남의 일처럼 써 놓은 것이 재미있다.

나 같은 어린아이와는 상관없는 일이지만 1943년 연초에 물가가 일제히 상승했다. 3년 전이었던 기원 2600년 (중략) 봉축가 가사를 사람들이 이렇게 바꿔서 불렀다.

금소리개 15전이 됐고
빛날 광은 30전
멀리 보이는 비행기는 25전이 됐네
아, 1억 명 모두 힘들다

'금소리개, 광, 비행기'는 당시 상품의 상표다.

모르는 사람이 많겠지만 옆길로 샌 이야기치고는 무척 유쾌하다.
여자 전문학교의 국문과 학생 시절도 등장한다.

첫 강의 시간에 교수가 좋아하는 작가를 물었을 때 다른 사람들은 문과 학생답게 나쓰메 소세키, 모리 오가이, 아쿠타가와 류노스케를 꼽았지만 나만 "요시카와 에이지!"라고 외쳐서 온 교실을 실소하게 했다.

요시카와 에이지는 순수 문학을 추구한 3명의 작가(나쓰메 소세키, 모리 오가이, 아쿠타가와 류노스케)와는 다르게 대하 역사 소설을 주로 쓴 근대 문학가다.

그 후 다나베는 집세를 내느라 온 집안의 푼돈까지 긁어모아야 하는 시기를 거쳤다. 그래서 나중에

가난도 너무 심해지니
결국 다 함께 웃음

이라는 걸작 센류川柳, 5·7·5조의 음율을 가진 일본의 정형시를 요시카와 에이지가 지었다는 사실을 알고 기이한 인연을 느꼈다고 한다.

나중에는 철물 도매점에서 열심히 일하며 소설을 썼다. 그때를 회상한 대목은 다나베의 문학을 이해하는 데 반드시 필요하다. 결국 아쿠타가와상까지 받고

인기를 누리지만 성공한 티를 전혀 내지 않는 태도에 또 감탄하게 된다. 이렇게 감정을 절제하여 표현할 수 있는 것도 글쓰기를 수련한 덕분일 것이다.

지금까지 셀 수 없을 만큼 많은 사람의 은혜를 입었다. 《주부 생활》의 하라다 쓰네지 사장, 오사카 도시협회의 고하라 게이지 씨, 오사카 문학 학교의 아다치 겐이치 씨, 마이니치 방송의 후지노 시게히로 씨 등을 생각하면 (기분 탓인지) 눈에 눈물이 차오른다.

라는 부분에 독자의 마음도 차오른다. 그야말로 글의 힘이다.
아쿠타가와상을 받은 후에는

여동생과 남동생이 결혼하여 집을 나가고 퇴직한 엄마와 둘이 살면서 '드디어 내 인생도 안정

되었구나'라고 안심하려는 찰나에 이상한 아저씨가 나타나 "결혼 안 할래요?"라고 말한다.

"당신 혼자서 눈이 벌게지도록 글 쓰는 거 괴롭잖아요. 소생(이런 옛날 말을 쓰는 연령대의 남자다)과 함께하면 또 재미있는 소설을 쓸 수 있을 겁니다." 이 말에 약해져 버렸다. 내 약점을 일부러 노린 듯하다.

그래서 '애가 넷인 아저씨'와 결혼했다는 이야기를 유머러스하고 담담하게 소설처럼 썼다. 아니, 말 그대로 소설이다. 하지만 자서전이 전부 이런 것은 아니다. 자서전으로 독자의 마음을 사로잡기가 쉽지 않은데도 다나베 세이코가 멋지게 해냈다.

자기 역사도 이렇게 쓰면 훌륭한 문학이 된다.

나의 역사

자기 역사는 기본적으로 일인칭 글이다. 나의 역사를 내가 스스로 쓰는 것이기 때문이다. 그러나 때로는 한 편의 소설처럼 삼인칭 시점으로도 좋은 자기 역사를 쓸 수 있다. 한 편의 문학을 쓰는 것처럼 타인의 시선으로 나의 역사, 나의 이야기를 묘사하는 글을 적어보자. 평소 좋아하는 문학 작품을 참고해도 된다.

Date   /   /

가장 담백한 일기

9월 12일 흐리다 가끔 갬

용변 및 붕대 교체

아침 식사: 온밥 3그릇, 츠쿠다니佃煮, 해물 등을 설탕과 간장으로 달짝지근하게 조린 일본 음식, 매실장아찌, 우유 5술 (홍차에 넣음), 꽈배기 모양 과자 빵 1개(1개 1전)

마사오카 시키가 남긴 병상 일기의 한 대목이다.

이때 시키는 무거운 병에 걸려 죽을 날이 머지않은 상태였다. 전혀 움직이지 못하고 누워 지내다 보니 눈에 들어오는 것을 기록하는 일밖에 할 수 없었다. 그런데 그중에서도 음식을 특히 상세히 기록했다.

위 인용문처럼 매실장아찌까지 빠뜨리지 않고 하나하나 적어 두었다. '온밥 3그릇'의 '온밥ヌク飯'이라는 단어가 인상적이다. 처음 보는 말이지만 무척이나 실감 나서 독자도 군침이 고인다. 밥을 세 그릇이나 먹은 데다 우유를 마시고(세련되게 홍차에 부어서) 과자와 빵도 먹었다. 환자라고는 생각할 수 없는 식욕이다. 이어지는 점심과 저녁은 어땠는지 살펴보자.

점심 식사: 토란 죽 약 3그릇, 가다랑어 회, 감자, 배 1개, 센베이 3개
간식: 청대콩, 우유 5술(홍차에 넣음), 꽈배기 모양 과자 1개
용변

저녁 식사: 밥 1.5그릇, 장어꼬치구이 7개, 굴회, 양배추, 배 1개, 사과 1개

놀라운 식욕이다. 배 한 조각, 사과 한 조각도 아니고 배 한 개, 사과 한 개를 먹은 데다 한 번에 장어꼬치구이를 일곱 개나 먹었으니 보통이 아니다. 게다가 이 날만 많이 먹은 게 아니라 매일 이런 식이다.

괜찮을지 걱정했더니 역시나 무리였던 듯 '밤이 되자 배가 부풀고 견딜 수 없이 괴로워서 번민'(9월 6일)하는 일이 벌어진다.

앞에 인용한 9월 12일의 일기는 그 뒤로도 이어진다.

모수 씨 방문
오후, 누마즈에서 후모토의 편지 도착.
다카하마의 심부름꾼이 차 1캔, 초록 사과 20~30개, 돈 1엔 가져옴, 차는 고 마사오 씨의 문병 대신, 사과는 노헤지 마을 야마구치 씨의

선물, 돈 1엔은 젠사이 씨로부터의 병문안 인사.
누마즈의 후모토가 소포로 복숭아 통조림 2개
보냄.

병상에서 한가로이 수박꽃이 떨어지는 낮
밤 병실 처마에 기후 초롱(초온쇼로부터 선물받은
것)을 켜면 꺼지지 않으려 하는 등불이 푸른빛을
내뿜는다

이렇게 하루 일기가 끝난다. 사람 이름인 후모토(와카 작가 오카 후모토), 다카하마(하이쿠 작가 다카하마 교시) 등이 등장해서 지금의 독자들은 이해하기 어려울 수 있다. 그러나 남에게 보이려고 쓴 글이 아니니 어쩔 수 없다. 시키는 생전에 측근에게도 이 글을 거의 보여 주지 않았다. 또 이 책은 사망 후 시간이 상당히 흐른 1924년에야 출판되었다. 일기를 처음 쓴 해가 1901년, 즉 20세기의 첫해였으므로 출판까지 24년이 걸린 것이다.

이 글은 세상에 공개되자마자 큰 화제가 되어 전집은 물론 문고로도 출판되었고 문학 작품 못지않은 대우를 받았다.

마사오카 시키는 단가, 하이쿠 혁신을 추진한 근대 문학의 거장이자 와카, 하이쿠 작가로 걸출한 인물이다. 그러나 앞에서 인용한 그의 일기 『앙와만록仰臥漫錄』 역시 다른 문학 업적과 별도로 고전의 지위를 굳혔다. 본인으로서는 예상하지 못한 결과일지 모르나 글이란 어떤 반응을 얻을지 공개하기 전에는 모르는 법이다.

이 병상 일기는 1901년 9월 2일부터 10월 13일까지 기록되고 일단 중단되었다. 이어 이듬해 1902년 3월 10일부터 12일에 이어지고 또 한 번 중단되었다가 같은 해 6월 20일부터 7월 29일까지 이어진 후 완전히 끝났다. 형식은 일기지만 앞서 말한 대로 메모 모음 또는 아무렇게나 쓴 비망록일 뿐이라서 출판 의도는 전혀 없었던 것으로 보인다.

그러나 시키가 따로 자서전을 남기지 않았기에 짧

고 단속적인 이 일기가 자서전을 대신하게 된 것이다.

지금 읽어도 무척 흥미로운 글이다. 전혀 옛날 글 같지 않아서 놀랍다. 시키는 사생문 장르를 개척한 인물인 만큼 대상을 사실적인 문장으로 확실하고 선명하게 그렸다.

특히 음식에 관한 기록이 훌륭하다. 맛있다는 말은 커녕 맛없다는 말조차 별로 쓰지 않았는데도 환자가 먹는 것을 얼마나 기뻐했는지 생생히 느낄 수 있으니 정말 희한한 명문이다.

절묘한 생각이나 반성, 감상 따위는 전혀 없으며 산뜻하고 냉랭하면서도 어딘지 모르게 따뜻하다. 이것은 평범한 일기가 아니다.

이 『앙와만록』을 통해 명철한 눈으로 자신을 바라본다면 일기 역시 훌륭한 자서전을 넘어 하나의 문학이 된다는 사실을 알 수 있다.

모두가 이런 일기를 쓸 수는 없다. 그러나 군더더기를 빼고 사물을 철저히 이성적으로 기술하면 일기가 자서전이 되고 자기 역사가 된다. 나아가 백 년 후의 독자에게도 예술의 향기를 풍길 것이다. 정말 놀라운 일이다.

자기 역사는 일기의 확장이다. 확장이라고는 했지만, 쓸데없는 것을 붙이기보다 군살을 깎아 낸 간결한 형태를 취해야 일기로 훌륭한 자기 역사를 만들 수 있다. 출판되지 못하고 묻힌 것 중에도 그런 훌륭한 일기가 수없이 많았을 것이다.

자기 역사도 남에게 보이려는 생각 없이 쓸 때 가장 자연스럽고 뛰어난 글이 된다. 이것이 자기표현의 가장 큰 아이러니가 아닐까.

나의 역사

마사오카 시키의 『앙와만록』처럼 때로는 하루 일과를 세세하게 기록하기만 해도 훌륭한 자기 역사가 되기도 한다. 오늘 하루 있었던 일을 기록해보자. 자세하게 기록할수록 좋다. 단, 군더더기 같은 서술이 섞이지 않도록 주의하자.

Date   /   /

산뜻하고 발랄한 유머

모월 모일

간다 가톨릭교회에서 예식 거행

이것은 하야시 마리코의 『하라주쿠 일기原宿日記』에 나오는 결혼식 당일 기록인데 독자에게 매우 강한 인상을 준다. 저자는 후기에서 이 부분에 관해 이렇게 말했다.

예식 당일에 관한 서술은 단 한 줄뿐이다. (중략) 오래전 어떤 유명 작가가 일기에 이런 식으로 쓴 것을 약간 동경했던 모양이다.

   알고 보니 자연스럽게 나온 문장이 아니라 의도가 담긴 문장이었다. 글쓰기를 업으로 하는 사람이 아니라면 역시 이렇게 쓰지 못할 것이다. 괜한 말을 덕지덕지 붙이고 싶어지기 때문이다. 전부 담으려 하다가 결국 조금밖에 전하지 못한다.

   마음 독하게 먹고 세부를 잘라내고 매정할 정도로 간결하게 써야 독자가 이것저것 상상하여 빈 곳을 채운다. 독자로서는 그게 더 재미있다. 처음부터 끝까지 전부 적어놓으면 정보가 너무 많아서 상상력을 가동할 필요가 없어지고 지루해진다. 생략은 예술이다. 그리고 일기는 이렇게 요점만 묘사하는 방식에 매우 적합한 형식이다.

모월 모일

JAL16편으로 밴쿠버로 출발. 친구 몇 명이 배웅을 나와 다 함께 공항 내 호텔에서 식사했다.

신혼여행 이야기가 이런 문장으로 시작된다. 이후 보도진에 둘러싸이지만 그런 이야기는 제쳐두고 이 두 줄로만 출발을 선언한 것이다. 시작이 산뜻하다.

모월 모일

오모테산도의 치과에서 상하 두 개를 뽑혔다.

'이대로 두면 나이를 먹을수록 점점 덧니가 된다'라는 의사의 말에 '즉시 교정을 의뢰한' 결과다. 제목 역할을 하는 첫 문장이 마음을 끈다.

모월 모일

걸음 수 겨우 3200보. 진짜 싫다. 이러다 돼지가

될 거다. 오늘은 꼭 아오야마의 큰 슈퍼까지 걸어가서 장을 보려 했는데 택배가 와서 못 나갔다. 보험 설계사가 저번에 가입해줘서 고맙다며 고급스러운 핑크빛 연어 토막을 선물로 보냈다. 그러고 나서 원고를 받으러 온 여성 편집자가 기념품으로 오리 훈제를 가져다주었다. 오늘은 꼭 장을 보려 했는데 사람들의 인정으로 저녁 반찬이 해결돼 버렸네!

이 부분도 재미있다. 유머가 담백하다. 얼마 전에 만보계에 1만 6000보를 찍었다고 의기양양하게 말했으니 3200보를 아쉬워하는 것이 이해가 된다. '돼지가 될 거다'라고 남의 일처럼 말해도 이상하지 않다. 같은 내용이라도 글쓰기에 단련되지 않은 사람이라면 이렇게 표현하지 못했을 것이다.

자기 이야기를 남이 읽어주기를 바란다면 세세한 정보를 구구절절 늘어놓지 말아야 한다. 과감하게 자르고 생략하고 줄이자. 어느 정도는 일부러 쓰지 않아야 한다. 이게 얼마나 어려운 일인지 모르는 사람은 글을 잘 쓴다고 자만하지 않는 것이 좋다.

그리고 자기 이야기를 재미있게 전달하고 싶다면 자신을 내려놓고 바라볼 줄 알아야 한다. '내가 제일 소중하다'라는 감상적인 글은 금물이다. 자랑도 마찬가지다. 자랑을 산뜻하고 재미있게 하려면 엄청난 재주가 필요하다.

멀리 떨어져서 자신을 관찰하는 순간 비로소 해학의 묘미, 즉 유머가 생겨난다. 그 재미를 살린 자기 역사만이 많은 독자를 거느릴 자격이 있다.

나의 역사

세세하게 기록하는 연습을 했다면, 이번에는 과감하게 생략하는 연습을 해보자. 나의 이야기 중 스스로 가장 자랑스럽게 느끼는 부분이 타인에게는 가장 지루한 부분이 될 수도 있다. 나의 성취에 대해 기록하되, 자부심을 생략하고 적어보자. 산뜻한 자기 역사의 첫걸음이 될 것이다.

Date   /   /

내 삶의 애호가

 우치다 햣켄은 색다른 인생을 살았던 문인으로 유명하다. 사후에 젊은 독자들에게 주목받아 선풍을 일으킨 덕분에 명감독 구로사와 아키라가 그의 인생을 영화화하기까지 했다. 예술원 회원으로 추천받았지만 사퇴한 이유를 묻자 '되고 싶지 않아서 되고 싶지 않다'라고 대답해 화제가 되기도 했다.

 그런가 하면 어떤 대작가의 문장을 고쳐주고 싶다

고 한 적도 있다. 하지만 그 말은 결코 불손하거나 교만한 지적이 아니었다. 햣켄은 메이지 이후 근대 일본어로 글을 쓰는 문인들 사이에서 최고로 여겨질 정도로 명문호였기 때문이다.

햣켄의 일기는 시기별로 묶여 출판되었다. 문학 작품으로 읽히게 된 것이다. 문체는 옛날 일기의 표준 문체인 문어체다. 그중 『햣키엔 전후일기百鬼園 戦後日記』에는 전쟁 직후의 일기가 담겨 있다. 이 책은 거의 구두점이 붙어 있는 히라가나(구 가나 표기법)로 표기되었지만 원래 일기는 가타카나로 쓰였다고 한다.

히라야마 사부로의 회고록에 따르면 '전부 가타카나인 데다 구두점도 없고 행갈이도 전혀 하지 않은 문장이 노트를 빼곡히 채우고 있다'라고 하며, '일기장으로는 크고 두꺼운 대학 노트를 썼다. 햣켄은 세로줄 위에 빈칸이 있는 것을 좋아했다'라고도 한다.

『햣키엔 전후 일기』는 1974년, 즉 전쟁이 끝나고 일주일 후에 다음과 같이 시작된다.

수요일, 회사 안 나감. 아침부터 흐림. 날이 개려나 했더니 오후에 갑자기 호우, 그리고 폭풍이다. (중략) 8시 반인 지금은 엄청난 도깨비불이 보인다. 전기가 나가서 오랜만에 촛불 밑에서 일기를 쓴다. 무섭지만 공습보다는 낫겠지, (하략)

이날은 날씨를 특히 더 상세히 기록했다. 하지만 뒤로 갈수록 술 이야기가 많아진다. 1946년 2월 9일부터 이런 일기가 이어진다.

2월 9일
신쵸샤에서 청주 5홉, 나카가와 씨 집에서 청주 2홉쯤, 위스키 상당량(위스키치고) 마심, 나카가와 씨에게 미림 2홉쯤 받음

2월 10일
오후에 책상 앞에 앉아 있다가 오랜만에 부정맥

시작. 오후 내내 계속되어 저녁까지 이어짐. 역시 어제 위스키를 과음한 탓일지도 (하략)

2월 12일

오후에 부인이 장을 보러 갔다. (중략) 동네 생선가게 후미노를 문밖 은밀한 곳에서 만나 술 한 되를 받기로 했다 (중략) 곧 후미노가 다시 와 청주 한 되를 가져다주었다. 술값 말고도 사례로 20엔을 주었으니 총 270엔. 고맙다. 저녁에 한 잔 기울인다. 밤에는 바람 소리가 시끄럽다.

2월 16일

(상략) 미야시로가 신부를 데려옴. 작년 말에 결혼했는데 오늘 처음 왔다. 맥주 두 병 지참. 청주로 바꿨지만 요즘 맥주가 너무 마시고 싶었던 터라 순식간에 그 자리에서 한 병을 마셔 버렸다. 잠시 이야기하다 두 사람이 돌아간 후 또 한 병

을 열어 곧바로 마셨다. 정말 맛있어서 (하략)

손님에게 받은 맥주를 그 자리에서 마셨다니 대단하다. 읽다 보니 그 모습이 눈앞에 떠오르는 듯하다.

2월 18일
어젯밤의 맥주는 단숨에 마셔 버렸다. 맥주의 술기운을 오랜만에 조금 느껴 (하략)

'오랜만에'라고 말하지만 사실 이틀 전에도 마신 것을 독자는 안다.

물론 이런 이야기만 쓴 건 아니지만 어쨌든 술은 이 일기를 관통하는 주제다. 순수하게 술을 사랑하는 마음이 독자에게도 전달된 덕분에 '마셨다', '맛있었다'라는 말을 읽고 '좋았구나'라고 느끼게 되니 유쾌하다. 이런 열정만 잘 전한다면 일기도 문학이 된다는 사실을 『홧키엔 전후 일기』가 말해 준다.

나의 역사

살면서 나를 가장 가슴 뛰게 하는 일, 가장 마음이 뜨거워지는 일에 대해 적어보자. 나만의 열정이 담겨있다면 무엇이든 좋다. 앞서 소개한 유명한 주당 우치다처럼 '음주 일기'를 적어도 좋고, 사소한 나의 취미에 대해 적어도 좋을 것이다.

Date   /   /

간결함의 미학

 모르는 부인에게서 편지와 소책자가 왔다. 편지를 읽어 보니 76세 여성인데 내 책을 참고삼아 글을 썼다고 한다. 남편과 함께 농사를 지으면서 쓰다 보니 생각대로 진척되지는 않았지만 어쨌든 일부를 보내 드린다는 말이 첨부되어 있었다. 보낸 곳의 주소는 도쿄도 오시마라는 섬인데, 특이한 주소다.

 소책자에는 일상을 기록한 글과 왕년을 회상한 에

세이 등이 전부 스무 편 정도 실려 있었다. 소일거리 삼아 되는대로 차근차근 모아 엮은 느낌인데 글을 제대로 썼다.

'재미있었다', '감동했다'라는 취지로 답장을 보냈더니 곧바로 답장과 함께 다른 소책자가 왔다. 그때 소책자가 이미 20호까지 나왔다는 사실을 알았다.

자신이 쓴 연필 원고를 무엇이든 친절하게 도와주는 친구가 워드프로세서에 입력하여 신서판 크기의 작은 책자로 가철해 주면 본인이 친구들에게 배포한다고 한다. 이번에도 '좋은 친구들이 있어서 다행입니다'라고 써서 답장을 보냈다.

그 후로 일 년에 두 번쯤 소책자가 온다. 말하지 않아 자세한 신상 정보는 모르지만, 글 내용에 따르면 예전에 야마가타현 여자 사범학교에서 공부했다고 한다. 초등학교 교사가 되었든 못 되었든 간에 문장을 제대로 구사하는 이유는 알 듯하다. 어쨌든 지금은 오시마라는 섬에서 농사를 짓고 있단다. 무슨 사정이 있었는지는 모르겠다.

어쨌든 드센 성격인 듯 글을 통해 이런저런 세상사에 분통을 터뜨린다. 다만 감탄하게 되는 점은 가족이나 주변 사람에 관해서는 거의 쓰지 않는다는 것이다. 안 그랬으면 나도 교류를 이어가기 힘들었을 것이다. 어떤 의미에서 인간미가 없는 대신 지적이라고 할 수 있다. 농사일 종류가 화초 재배라는 것도 겨우 알았다.

일을 끝내고 나서 글을 쓰면 몸은 피곤하지만 다른 세상이 열리는 기분이 든다는 말도 쓰여 있었다. 글쓰기로 마음을 정화하게 된 모양이다. 글쓰기를 즐기는 마음이 독자에게 전해진다. 그래서 친구도 마음이 동해 소책자 만들기에 적극적으로 나섰을 것이다.

언젠가 이 부인이 이전에 나온 소책자를 서른 권 정도 모아 소포로 보낸 적이 있다. 처음 보는 것도 있었지만 대부분은 전에 이미 받은 것이었다. 어떤 의미인지 헤아려보려 하다가 어느새 잊어버린 채 시간만 보내고 말았다.

그랬더니 보낸 책자를 전부 돌려달라는 편지가 왔다. 변덕스럽다고 생각하면서도 부탁한 대로 했다. 그리고 나중에야 '혹시 글을 한 권으로 모아 출판하고 싶었던 게 아닐까?'라는 생각이 들었다. 본인이 아무 말도 하지 않았으니 그저 추측일 뿐이지만 말이다.

'이렇게 하면 의도를 눈치채고 움직여 주겠지'라고 생각했을지도 모른다. 그런데 하필 내가 둔한 사람이라 아무 행동도 취하지 않았다. 성질 급한 사람이 속을 태우다가 결국 화가 나서 돌려달라고 요구했나 보다. 내가 너무 늦게 눈치를 챘다.

그리고 시간이 한참 지난 뒤에 몸이 좋지 않아 병원에 들락날락한다는 소식과 함께 섬의 특산물이 도착했다. 급히 문병 선물을 보냈지만 그 후로 전혀 소식이 없다. 원래 부지런히 편지를 쓰던 사람이라 걱정이 된다. 어쩌면 세상을 떠났을지도 모른다고 생각하니 애석한 마음에 가슴이 아프다.

물론 나는 이 노부인의 이름을 안다. 그러나 양해도

구하지 않고 이런 곳에 공개하면 안 될 듯해 말하지 않았다. 어쩌면 본인은 이름을 알려서 독자를 늘리고 싶을지도 모르지만 그래도 이름은 덮어두는 게 좋겠다.

노부인은 아마 자기 역사라는 말도 모른 채 자기 이야기를 썼을 것이다. 그러다 그 이야기가 적당히 쌓여서 엮을 때가 됐다 싶으면 친구가 그때그때 단숨에 읽을 수 있는 소책자로 만들어주었다. 여기서는 '단숨에 읽을 수 있는 소책자'라는 점이 중요하다. 부인의 친구들도 책 분량이 200페이지를 넘었다면 거의 읽지 않았을 것이다.

미국 작가 에드거 앨런 포는 이렇게 말했다.

앞으로 세상은 점점 바빠질 테니 며칠에 걸쳐 소설을 읽을 만한 사람은 줄어들 것이 뻔하다. 단숨에(한 자리에서) 읽을 수 있는 단편 소설(짧은 이야기)이 환영받을 것이다.

지금으로부터 100년쯤 전에 이렇게 말했으니 정말 대단하다.

자기 역사도 마찬가지다. 장편은 필자인 본인에게는 만족스러울지 몰라도 다른 사람이나 외부 세계에는 별 도움이 되지 않는다. 책상 서랍에 넣어둘 생각이라면 몇천 장이어도 전혀 상관없지만 독자를 한 사람이라도 늘리고 싶다면 그들의 입장을 생각해야 한다.

그런 점에서 오시마의 노부인은 상당히 현명했다. 이제야 그런 생각이 든다.

글쓰기로 마음을 깨끗이 정화하게 된 모양이다. 기쁜 마음이 전해진다.

나의 역사

최근에는 호흡이 긴 글보다 단편과 같은 짧은 글이 많은 독자에게 사랑받고 있다. 자기 역사 역시 소책자처럼 짧고 빠르게 읽힐수록 더 많은 독자가 모인다. 나의 이야기를 세 줄로 요약해서 적어보자. 세 줄로 요약하기 어렵다면 다섯 줄 정도도 괜찮다.

Date / /

일기 쓰는 보람

 자기 역사는 일기를 편집한 글이다. 그런데 일기를 쓰는 사람은 엄청나게 많다. 일기 쓰기는 매우 재미있는 활동이기 때문이다. 그런가 하면 일기 쓰기가 힘들다는 사람도 많다. 이들의 일기장은 1월 중순까지만 채워져 있고 그 후로는 비어 있다.
 하지만 일기는 글쓰기의 즐거움뿐만 아니라 삶의 보람을 안겨주므로 이 재미를 알면 일기 없는 인생을 생각할 수조차 없어진다. 하루라도 빠뜨리면 신경이 쓰여 견딜 수 없다. 몸이 좋지 않아 일기를 며칠씩 빠뜨리면 몸이 나은 후에 기억을 애써 되살려서라도 공백을 메워야 직성이 풀린다.

나중에 메우다 보니 정확도가 조금 떨어지더라도 무조건 쓰게 된다. 매일 일기를 쓰는 것이 하나의 생활 규칙이 되면 일기 쓰기가 괴롭지 않다. 괴롭기는커녕 즐거워진다. 10년, 20년 동안 일기를 쓰는 사람은 대개 그 즐거움에 중독되어 있을 것이다.

엉뚱한 소리지만 '도둑 일기'가 있어도 재미있을 듯하다. 그런 범죄자가 기특하게 일기를 쓸 리가 없다고 생각하겠지만 혹시 누가 알겠는가? 도둑 일기가 존재하기만 하면 경찰이 아니어도 모든 사람이 훔쳐보고 싶을 것이다. 본인은 들키면 큰일이니 절대 보여주지 않겠지만 틀림없이 유복한 도련님의 일기보다는 재미있을 것이다.

일기는 실제 생활을 위한 기록과는 거리가 멀다.

지나버린 일을 기록한들 내일의 삶에 금세 적용할 수는 없으니 말이다. 따라서 일기란 순수한 자기만족을 위한 글이다.

물론 일기는 하루 생활의 결산 보고 같은 것으로, 그 자체로는 건설적인 의미가 없다. 더 좋은 삶을 위해서는 '일기장'이 아닌 '계획표'를 채워야 한다. 내일 무엇을 할지 생각하기만 해도 삶이 달라지기 때문이다.

미국의 어떤 경영 컨설턴트가 작은 기업의 사장에게 '매일 자기 전에 내일 할 일을 적고 중요도에 따라 순위를 매긴 후 다음 날 그 순서대로 처리하라'라고 조언했다. 일상을 계획대로 잘 실행하기만 하면 큰 회사의 우두머리가 될 수 있다는 것이다. 그 사장은 그 조언대로 했고, 몇 년 후에 컨설턴트의 말대로 큰 회사의 우두머리가 되었다.

이처럼 계획표를 만드는 일은 예산안을 만드는 일과 같다. 이 이야기를 통해 인생에는 결산보다 예산이 중요하다는 사실을 알 수 있다.

한편 일기는 순전히 재미있어서 쓰고 읽는 글이다. 필자의 사람됨이 그대로 드러나므로 재미없을 수가 없다. 문학가 등의 전집에는 불완전하더라도 일기가 늘 포함되는데 가끔 이것이 작품보다 재미있기도 하다.

독자는 공개된 일기가 어디까지 사실인지 의심스러워하면서도 분명 남에게 공개할 수 없는 이야기가 들어 있을 것이라는 생각에 읽고 싶은 충동을 느낀다.

다카미 준은 죽을병에 걸려 병상에서 지내는 동안 일기를 열심히 써서 잡지에 매월 발표했다. 이 연재는 병자의 일기인 만큼 다카미의 문학을 잘 모르는 독자들까지 끌어들이며 소소한 인기를 누렸다. 이 일기를 그의 창작물보다 뛰어나다고 생각하는 사람도 있을 것이다.

다만 남에게 보여 주기 위해 쓴 일기라는 점이 마음에 걸린다. 창작이라고 딱 잘라 말할 수 있다면 좋겠지만, 어느 정도 실제 기록물의 성격을 띠고 있어서 그럴 수도 없다. 그 균형 감각이 재미있다면 재미있고,

재미없다면 재미없게 느껴진다.

타인에게 보여 주기 위한 일기라면 애초에 창작물로 선언하는 게 좋을 듯하다. 예전에 일본 문학의 주류였던 사소설과 유사한 '일기 소설'이라는 장르를 만들어도 재미있겠다. 하긴 예전에는 '일기 문학'이라 부를 만한 것도 있었다.

오래된 이야기지만 300년쯤 전 영국에 '영국 해군의 아버지'로 불리며 존경받은 새뮤얼 피프스라는 해군 장관이 있었다. 이 사람이 일기를 썼는데 남이 읽지 못하게 하려고 암호를 썼다. 가족에게조차 들키기 싫어서 해군의 특기인 암호를 활용한 것이다.

그래서 이 일기는 해독되지 않은 채 케임브리지 대학 도서관에 잠들어 있었다. 그러던 것이 집필 이후 150년이나 지난 19세기 초에 한 목사에게 해독되어 결국 출판되었다.

새뮤얼의 일기에는 당시 런던의 모습, 세태, 생활 등이 매우 상세히 기술되어 있었고, 런던 브리지 위에서 여자를 안았던 이야기까지 포함한 피프스의 생활이 적나라하게 묘사되어 있었다. 그 덕분에 출판되자마자 유명해져서 지금까지 전 세계 일기 문학의 백미로 통하고 있다.

일기를 남에게 보여주지 않으려 했던 새뮤얼은 이 사실을 알면 기뻐할까, 분노할까? 어쨌든 뜻밖에도 자신의 일기가 문학사의 특별한 존재가 되었으니 평안히 영면하기를 바란다.

이만큼 솔직하고 대담하게 자기 이야기를 쓰는 것은 쉬운 일이 아니다. 게다가 적나라하게 썼다면 더더욱 남에게 공개하기 싫을 것이다.

그런데 한편으로는 일기가 아무리 남에게 보여줄 마음이 없는 글이라고 해도, 정말 누구에게도 보여주지 않는다면 애초에 번거롭게 일기를 쓸 이유가 없지 않나 싶다. 대개는 은연중에라도 일기를 보여줄 생각을 하고 있는지 모른다.

그렇다 보니 일기를 쓸 때 남을 의식하여 사실을

윤색하고 허구를 추가하기 쉽다. 만에 하나 남이 읽을 가능성이 전혀 없다고 해도 어느 정도 장식을 보탤 수밖에 없다. 진짜 사실만 기록한다면 제삼자가 보기에 전혀 재미가 없을 테니 말이다. 결국 모든 일기는 역사가 된다.

그래서 자기 역사를 쓰는 사람은 계속 묻게 된다. 과연 자기 역사는 누구를 위한 글일까?

나의 역사

일기는 자기 역사 쓰기의 가장 기본이 되는 자료다. 그러나 대부분 일기는 뚜렷한 주제와 목적이 없기 때문에 자기 역사로 바꿔 쓸 때 어려움이 있다. 그러니 오늘 하루만큼은 주제를 정해 일기를 적어보자. 직업에 대한 일기여도 좋고, 가족에 대한 일기여도 좋으니 원하는 주제를 골라보자.

Date   /   /

삶과 역사의 교차로

 인류의 역사는 까마득히 오래되었지만 글로 기록한 것은 비교적 최근의 일이다. 일본으로 말하자면 『고사기』, 『일본사기』가 최초였고 유럽에서도 고대 그리스에 이르러서야 역사가 기록되기 시작했다.

 역사 자체는 아주 먼 옛날부터 존재했으나 그 역사가 그대로 전해지지는 않는다는 뜻이다. 사실만으로는 역사가 전달되지 않는 것이다. 누군가 기록해야 비로소 역사가 전달된다. 인류는 역사가가 등장하기 전까지 침묵하고 있었던 셈이다.

영국의 문학은 7세기경 시작되었다고 볼 수 있지만, 그것을 역사로 기술하는 영문학은 18세기에야 성립했다. 문학사를 연구하는 역사학자 역시 일반 역사학자보다 더 늦게 등장했다.

이처럼 역사적 사실과 역사적 기록 사이에는 어쩔 수 없이 시간의 격차가 있다. 따라서 19세기 역사가들이 꿈꾸었던 것처럼 과거를 완벽히 기록한 역사는 존재하지 않는다. 역사에는 역사가의 해석이 포함될 수밖에 없다.

그래서 앞서 소개한 영국 역사가 에드워드 카는 '역사는 처음부터 존재하는 것이 아니라 역사가가 만드는 것이다'라고 말했다. 같은 대상을 다루어도 역사가가 세 명이라면 각기 다른 세 종류의 역사를 만들어 낼 것이다. 역사가의 수만큼 다양한 역사가 만들어지는 게 당연하다.

역사는 과거를 순수하게 정확히 기술하지 않는다. 인간에게는 불가능한 일이다. 역사는 역사가의 인식이 포함된 과거의 기록일 뿐이다. 또 역사가는 전체적 정합성을 확보하기 위해 자신의 관점으로 대상을 해석할 수밖에 없다.

그래서 역사가는 과학자보다 예술가에 가깝다. 예전 유럽에서는 역사를 문학과 유사한 학문으로 인식하기도 했다. 역사는 굳이 말하자면 창작에 속한다.

자기 역사도 특수하긴 하지만 역사의 일종이다. 그렇다면 지금까지 내가 역사에 관해서 했던 말이 자기 역사에도 전부 들어맞는다고 할 수 있다.

따라서 본인이 자신을 가장 잘 안다고 해서 자기 역사, 자서전이라는 역사를 가장 잘 쓸 수 있는 사람은 아니다. 자기 자신을 역사의 대상으로 바라보고 하나의 인간상을 완성하는 일은 자화상을 그리는 일과도 같다. 살아온 세월을 있는 그대로 그리면 안 된다. 애초에 그런 일은 불가능하다. 물론 사실이 중요하긴 하지만 사실만 나열해서는 역사가 되지 않는다. 그것은 자료일 뿐이다. 어떤 사실을 드러내고 어떤 사실을 덮을지도 선택해야 한다. 그리고 전체 이야기를 담아내는 스타일, 즉 문체도 중요하다.

그러고 보면 가까운 과거 혹은 현재의 나에 관한 글은 쓰기가 무척 어렵겠다는 생각이 든다. 현재 나를 둘러싼 혼돈이 잘 정리되지 않기 때문이다. 작가라 해도 별반 다를 것이 없다. 그래서 집필 시점의 자신을 그려내기보다 먼 회상 속에 있는 유소년 시절의 자신을 그려내기가 훨씬 쉽고, 추억을 담은 글이 더 뛰어난 작품이 될 때가 많은 것이다.

그러므로 자기 역사는 내 어린 날, 젊은 날의 추억을 담은 창작물이라고 할 수 있다. 사실이 왜곡된다고 걱정하는 사람도 있겠지만 있는 그대로의 사실은 일기장에 남아 있을 것이다. 일기 또한 취사선택과 해석을 거친 글이니 사실과 똑같지는 않겠지만, 그럼에도 자기 역사는 사실을 다루는 이력서와는 달라야 한다.

이유는 잘 모르겠지만 어쨌든 자신을 주인공으로 한 개인의 역사, 짧은 역사는 내가 쓴 글이든 남이 쓴 글이든 상관없이 재미있기 마련이다. 과학적 설명 등 극히 소수의 예외를 제외한 모든 표현은 언어적 창작물의 성격을 띠기 때문이다. 언어가 얼마나 두드러지느냐 하는 정도 차이가 있을 뿐이다. 영국 해군 장관 새뮤얼이 기록한 일기, 즉 자기 역사가 뜻밖에 소설보다 더한 창작적 재미를 갖게 된 것도 우연이 아니다.

사건을 아무 생각 없이 줄줄 늘어놓은 기록은 자기 역사는커녕 제대로 된 글이라고도 할 수 없다.

나의 역사

자기 역사는 기본적으로 사실에 기반하는 객관적인 글이다. 그러나 분명 이력서와는 달라야 한다. 객관적 사거만 나열해서는 좋은 자기 역사를 쓰기 어렵다. 당시에 느낀 나의 생각을 적절히 섞어 창작적인 재미가 있는 글을 써보자.

Date   /   /

추억을 사진에 담아

중학교를 졸업한 지 45년째 되던 해에 동창생들 사이에서 기념품을 만들자는 이야기가 나왔다. 환갑 이후에는 동창회 출석도 잦아졌다. 옛날이 그리워지는 나이가 된 것이다.

처음에는 이전의 반생을 돌아보고 추억을 기록한 문집을 내자는 의견이 유력했다. 그런데 점점 글쓰기는 곤란하다는 목소리가 조심스럽게 나오기 시작했다.

'교사로 일하는 친구에게는 글쓰기가 아무것도 아니겠지만 우리처럼 편지 한 장 제대로 써 본 적 없는 놈들, 일이 있으면 전화로 끝내는 놈들에게 초등학생처럼 글짓기를 시키다니 가혹하다'라는 것이다.

이런 말이 나오자 여기저기서 동의하는 목소리가 잇달았고 문집을 내자는 의견이 맥없이 꺾이고 말았다. 그래도 모두 추억의 기념물은 꼭 만들고 싶다고 해서, 결국 각자 가장 기념하고 싶은 사진을 두 장 제출하고 거기에 약간의 설명을 덧붙이기로 합의를 봤다.

이런 자료를 취합할 때는 으레 늦게 제출하는 사람이 있게 마련인데 이 앨범은 마감 전에 원고가 거의 도착했다고 한다. 담당자가 워낙 열정적이기도 했지만 모두 얼마나 마음을 썼는지 알 수 있다. 이야기가 나온 지 반년 만에 우리 동급생 80여 명의 기념 앨범이 멋지게 완성되었다.

추억의 사진도 귀하지만 사진에 첨부된 설명이 정말 훌륭하다. 처음에 '글은 써본 적도 없다', '문집은 곧

란하다'라고 나섰던 자영업자 친구가 제일 청산유수였다. 짧게 끝낼 줄 알았는데 장황한 글을 써낸 것을 보고 웃음이 터졌다.

글을 잘 쓰면서 못 쓴다고 했던 걸까? 아닐 것이다. 사진이 없었다면 자기 말대로 세 줄도 못 채웠을지 모른다. 하지만 사진을 소재 삼으면 그럭저럭 쓸 수 있게 된다. 그것은 글이 아니라 사진에 붙은 이야기이기 때문이다. 너무 힘주지만 않으면 이야기가 저절로 이어지니 편하다.

자기 역사를 쓰려는 사람, 또는 이미 쓰기 시작했는데 생각대로 글이 써지지 않아 고민인 사람에게도 이 앨범 문집이 좋은 참고가 될 듯하다. 하늘만 노려보며 글을 엮으려 하기보다 시기별로 사진을 고르고 자유롭게 편집해서 화보처럼 만들면 어떨까?

그런 다음 사진을 보고 떠오른 생각을 적어서 곁들인다. 생각이 안 나면 건너뛰어도 좋다. 나중에 생각날 때 그 페이지를 다시 펼쳐 내용을 보충하면 된다.

사진 주간지까지 발간되는 시대이니 글만 있는 자기 역사보다는 이처럼 사진이 포함된 자기 역사가 친숙하고 이해하기 쉽다. 글쓰기 실력이 조금 달려도 사진이 글보다 더 많은 이야기를 들려줄 것이다.

요즘 사람들은 아이가 어릴 때부터 무슨 일만 있으면 사진을 찍는다. 그렇다 보니 아이가 클 때까지 사진이 중구난방으로 쌓여 산더미를 이루기 마련이다. 그러니 그 사진을 정리해보면 어떨까? 사진을 보고 떠오른 이야기를 덧붙이면 '사진 자서전'을 만들 수 있다. 얼마 전만 해도 엄두가 안 났던 일이지만 이제는 이와 같은 쉬운 방법이 많이 생겼다. 글쓰기에 자신이 없는 사람에게 딱 들어맞는 방식들이다.

다만 몇십 년을 한꺼번에 정리하겠다는 욕심은 버리자. 10년마다 한 권씩 편집해서 만들어도 좋고 5년마다 한 권씩 만들어도 좋다. 독자로서도 장편보다는 단편이 훨씬 반가울 것이다.

자기 역사는 아직 역사가 짧은 장르이기도 해서 상

중하 3권 따위를 발표하여 세상의 평가를 기대하는 사람은 없는 듯하다. 그리고 이제는 오히려 장편을 소화하지 못하는 새로운 시대에 맞게 단편으로 끝내는 편이 좋다. 이런 맥락에서 앨범 형식은 여러모로 뛰어난 선택이다.

나의 역사

이제 SNS에 사진과 글을 함께 올리는 것은 우리에게 자연스러운 일상이 되었다. 인스타그램 피드는 앨범보다도 더 훌륭한 자기 역사의 소재가 된다. 오늘도 사진과 함께 남길 기록을 간단하게 써보자. SNS의 글 역시 짧게 쓸수록 더 많은 사람이 읽는다.

Date   /   /

나의 옛날 이야기

　영국 에세이 문학의 거장으로 손꼽히는 찰스 램의 대표작 『찰스 램 수필선』 중 특히 깊은 정취가 느껴지는 단편이 있다. 일본 사람들에게는 예전부터 친숙한 「꿈속의 아이들-백일몽」이다.

　그 단편에 '아이들은 어른의 어렸을 때 이야기를 듣고 싶어 한다'라는 말이 나온다. 이미 아는 사람도 많겠지만 어른이 아이에게 들려주는 이야기 중 가장 재미있는 것이 자기 어린 시절 이야기다. 램은 그 사실을 깨닫고 「꿈에 본 아이들-백일몽」에 어린 시절의 추억을 담아낸 듯하다.

아이는 어른의 이야기를 동화처럼 받아들인다. 상상력을 동원하여 새로운 세계를 들여다본다. 어릴 적 일을 이야기하는 사람은 자신의 가장 꿈 많았던 나날을 재현한다. 듣는 사람도 그 이야기에 끌려들어 저절로 꿈을 꾸게 된다.

그런데 부모들은 대개 자녀에게 옛날이야기만 들려주고 자기 어린 시절은 좀처럼 이야기하지 않는 듯하다. 그 이야기가 재미있을 거라고는 생각하지 못하기 때문이다.

언젠가 한 국문학자와 추억을 나누던 중에 어릴 때 학교에서 읽은 책 이야기가 나왔다.

그 국문학자는 이렇게 회상했다.

"교실에서 읽은 작품 중 가장 인상에 남은 게 찰

스 디킨스의 『데이비드 코퍼필드』였어요. 정말 재미있었죠."

아무리 명작이어도 교과서로 읽으면 지루하고 재미없게 느껴진다. 뒹굴뒹굴하며 읽을 때는 시간 가는 줄 몰랐던 이야기도 책상에 앉아 공부하듯 읽으면 갑자기 시야가 아득해지며 졸음이 몰려온다. 그런데도 교실에서, 심지어 영어로 읽은 디킨스의 작품이 몇십 년 후에도 기억에 새롭다니 놀라웠다.

『데이비드 코퍼필드』는 디킨스의 자전 소설이다. 형식은 소설이지만 사실상 자전으로, 궁핍하게 살던 어린 시절의 경험을 생생하게 그려냈다. 정성스럽게 써 내려가기보다 툭툭 내뱉듯 쓴 문장에서 무어라 말할 수 없는 유머와 애수가 느껴진다.

자기 이야기로 유머를 살리는 솜씨가 보통이 아닌 데다 소설이라는 형식도 한몫해서 작품의 재미를 끌어올렸다. 디킨스도 이 소설로 자기 역사를 쓴 셈이다.

자기 역사가 그대로 뛰어난 문학 작품이 되었으니 대단하다.

지금 디킨스는 19세기의 걸출한 작가로 통하지만, 당시에는 그다지 높은 평가를 받지 못하고 일반 대중에게만 환영받는 통속 작가로 여겨졌다. 그러다 20세기 들어 새삼 주목받게 되었다. 생전에 호평받은 작품이 재조명되었기 때문이 아니라 앞서 언급한 『데이비드 코퍼필드』를 대표작으로 보는 새로운 해석이 등장했기 때문이다.

이후 이 자전 소설은 고전이 되었다. 당대의 수많은 소설이 매력을 잃어버린 백 년 후에도 어린 시절의 자신을 그린, 원문 기준 800페이지 분량의 대작이 새로운 재미를 안겨준다는 사실이 매우 흥미롭다.

어른이 어린 시절의 이야기를 하든 자전 소설을 쓰든 작문의 소재로 가장 좋은 것은 바로 어릴 때의 자신, 젊을 때의 자신이다. 현재를 다룬 이야기로는 그렇게 오랫동안 변함없이 재미있는 글을 쓰기 어렵다.

모두에게 어린 시절은 가장 꿈 많고 소중한 동화의 세계로 남는다.

나의 역사

어린 시절은 누구나 자기 역사의 소재로 쓰기 좋다. 나의 유년기, 사춘기 시절을 돌이켜보고 독자에게 들려주고 싶은 이야기가 있다면 기록해보자. 누군가에게 들려주는 형식으로 적어도 좋다.

Date   /   /

피와 살이 되는 기록

친구가 소책자를 보내준 적이 있다. 제목은 「할아버지 시리즈」로, 제7권이 온 것을 보니 제1~6권도 나왔나 보다.

자세히 보니 친구의 아버지인 어떤 할아버지가 쓴 글을 모은 문집이다. 과거 인생을 돌아보는 에세이도 있지만 남에게 듣거나 책에서 인상 깊게 읽은 말을 소재로 한 글이 많아서 자기 역사와는 장르가 조금 맞지 않는다. 그래도 화자가 표면에 두드러지지 않는 만큼 오히려 읽기 편하고 유익한 느낌이다. 특히 육아나 고령자의 건강에 관한 글이 많아서 재미있다.

일례로 소책자에는 '술병과 비행기 꿀사과'라는 주문 같은 문구가 실려 있다. 노인 질환의 권위자 오시마 겐조 씨가 고안한 고령자가 생활하며 유지해야 할 아홉 가지 마음가짐을 머리글자를 따서, 외우기 쉽게 만든 문구다.

술: 술 마시고 목욕하지 말 것 (하코네 부근 온천에서 취해서 입욕하다가 죽는 사람이 한 달에 100명 정도 되는데 대부분이 고령자라고 함. 지금 처음 안 정보)
병: 병원, 의사와 사이좋게 지낼 것
과: 과음 금지 (당연히 술 이야기. 물은 괜찮음)

비: 비만하지 않도록 체중을 관리할 것 (비만은 무서운 적)

행 : 행동거지를 조심하여 넘어지지 않을 것 (낙상 조심, 늙어서 뼈가 부러지면 영영 못 일어날 수 있음)

기 : 기침이 나면 바로 병원에 갈 것 (감기 조심. 만병의 근원. 노인의 주된 사인인 폐암은 사실상 감기)

꿀 : 꿀꺽 삼키는 습관을 들일 것 (음식이 목에 걸리지 않도록 연하 작용에 신경 써야 함. 사과, 떡, 초밥에 특히 주의할 것)

사 : 사람 사이 도리를 때로는 외면할 것 (예나 지금이나 도리를 지킨다며 억지로 관혼상제에 참석했다 죽는 사람이 적지 않음)

과 : 과식 금지 (소화 불량으로 체력이 떨어져 병이 생김)

이것을 보자마자 기시 노부스케 전 수상의 명언이 떠올랐다.

넘어지지 말고 감기를 조심하고 도리를 외면해라.

두 사람이 같은 자료를 보고 아이디어를 얻었을지도 모르겠다. 기시 전 수상은 정치가로서 역사에 남을 만한 인물이지만, 서민들에게는 정치적 업적보다 노인으로서의 이 한마디 교훈이 더 큰 도움을 준 듯하다.

「할아버지 시리즈」를 쓴 친구 아버지의 성함은 후지카케 세이이치다. 이 글은 앞서 말한 대로 자기 역사와는 맞지 않지만 자기 이야기보다 삶에 대한 마음가짐, 특히 건강을 위한 고령자의 마음가짐을 다루며 자신을 간접적으로 표현한 점이 마음을 끈다. '할아버지의 지혜'가 듬뿍 들어 있다.

'무릎'에 관해 후지카케 씨는 이렇게 썼다.

무릎은 전신의 체중이 계속 강하게 걸린 상태에서 넘어지거나 뛰어오르는 격렬한 충격을 오롯이 받아내므로 매우 고장 나기 쉬운 관절이다. 젊은 사람은 스포츠로 인한 손상이 많지만 고령자는 노화 현상으로 인한 손상이 대부분이다. 나이를 먹으면 무릎의 연골이 닳고 딱딱해져서 튀어나온 연골 밑 뼈에 계속 접촉한다. 무릎에 관해 고령자에게 필요한 마음가짐은 다음과 같다.

1. 오래 걷지 않는다.
2. 계단을 되도록 오르내리지 않는다.
3. 양반다리로 앉지 않는다.
4. 비만해지지 않는다.

독자가 관심을 느낄 만한 정보를 제시한 덕분에 읽는 재미가 있다. 자기 이야기만 썼다면 이런 재미는 없었을 것이다.

나의 역사

삶에서 일어나는 모든 사건은 우리에게 크고 작은 교훈을 남긴다. 그 교훈들이 모여 나만의 역사를 만든다. 지금까지 나에게 가장 큰 교훈을 준 일화를 기록해보자. 다른 사람과 공유할 수 있는 교훈이 있다면 더욱 좋다.

Date   /   /

말할 수 없는 비밀

 자기 이야기, 특히 성공담만 나오면 무아지경으로 장광설을 늘어놓는 사람이 있다. 본인은 열중해서 즐겁겠지만 듣는 사람은 상당히 곤혹스럽다. 심지어 자랑은 더 지겹다. 본인도 어렴풋이 알지만 그런 이야기는 한번 시작되면 좀처럼 멈춰지지 않는 법이다.

 글도 마찬가지여서 자기 이야기를 쓰다 보면 아무래도 길어지고 끝맺기가 어렵다. 읽는 사람으로서는 재미가 없다 보니 길게 늘인 신변잡기를 처음부터 꺼리게 된다.

원래 일본인은 작은 것이 아름답다고 생각하는 경향이 있다. 300페이지의 대작과 80~100페이지의 소책자가 있다면 대부분 주저 없이 소책자를 고를 것이다. 일본은 예로부터 장편 서사, 장편 시가가 존재하지 않는 나라다. (장편으로 보이는 『겐지 이야기』도 사실은 중편이 집성된 작품이다)

유럽에 1천~2천 행, 심지어는 1만 행의 장시가 있다는 말을 들어도 전혀 감흥이 없다. 31자인 단가 형식의 와카, 17자인 하이쿠에서 느껴지는 주옥같은 정취를 사랑하기 때문이다.

하물며 자기 이야기를 끊임없이 장황하게 늘어놓은 글이 재미있다고 생각하는 사람은 거의 없을 것이다. 혹시라도 그런 글이 흥미롭다면 필자의 실력이 엄청나다는 뜻이다.

자기 역사에서도 단편성이 가장 중요하다. 짧으면

짧을수록 함축의 재미가 더해진다. 신문이나 잡지 등에 실리는 사망 기사, 추도문도 매우 짧아서 인상 깊게 읽힌다.

그렇지만 세 줄이나 다섯 줄의 추도문만으로는 허전할 때가 있다. 이럴 때 조금 더 자세히 알고 싶은 독자의 욕구를 채워 주는 글이 있다. 바로 연보다.

연보는 문학 전집 등의 권말에 종종 실리는데 이게 꽤 재미있다. 작품 자체와는 다른 흥미를 불러일으키므로 애독자가 은근히 많다. 만들기는 힘들어도 노고를 충분히 보상받는 셈이다.

전집 등의 연보는 대개 편집자가 집필하지만 가끔은 저자의 자필 연보도 눈에 띈다. 이것이야말로 전기의 정수다. 자필 연보는 대부분 군더더기를 거의 생략하고 사실과 사건만을 전달한다. 지루한 반성이나 상념, 사색 등이 끼어들 틈도 없이 사실로만 실팍하게 채워져서 저자의 사람됨을 짐작하기 좋다.

그런 이유로 자필 연보는 가장 순도 높은 자기 역

사라 할 수 있다. 글쓰기를 즐긴다면 이런 단편적 기록으로 만족하지 못하겠지만 단순히 자신을 남에게 알리고 싶다면 연보 몇 장이 책 한 권보다 나을 수 있다. 자기 역사를 쓰고 싶다면 자기 연보도 기억해 두자.

최근에 요시카와 에이지의 자필 연보를 읽었다. 마쓰모토 아키라가 쓴 『인간 요시카와 에이지』의 권말에 실려 있었다. 분량이 스무 페이지도 안 되어서 앉은 자리에서 다 읽었다. 이렇게 단숨에 완독할 수 있는 분량이 좋다.

요시카와 에이지는 다섯 살이었던 1897년(메이지 30년)의 기억을 이렇게 서술한다.

> 이와야 사자나미의 『세계의 옛날이야기世界お伽ばなし』 등을 조금씩 읽기 시작. 등불 아래 어머니가 바느질하며 이야기를 들려주는 기분이 든다. 그해 여름 내게 배다른 형이 있었음을 처음 알게 되었다. (하략)

11세였던 1903년의 기억은 이렇게 서술했다.

아버지가 패소, 퇴직한 후 가세가 급히 기울었다. 아버지는 술을 점점 많이 마시게 되어 몇 번이고 피를 토했다. 주정뱅이 남편 밑에서 젖먹이 여섯을 키워야 했던 어머니의 고생은 이때부터 시작되었다.
어머니는 매일 한밤중에 고물상 수레를 끌고 가재도구를 팔러 다녔다. 방의 물건을 통째로 팔았으므로 이 방은 얼마, 다음 방은 얼마라는 식으로 흥정한다는 이야기가 당시 요코하마 고물상 사이에서 화제였다.
10월에는 초등학교 여름방학이라 귀가했다가 아버지가 갑자기 학교를 그만두라고 해서 대성통곡 (하략)

소년 요시카와의 인생은 이때부터 시작이다. 독자

들은 그의 미래를 읽기가 조금씩 두려워진다. 이만큼 솔직하게 쓰려면 평생에 걸친 문학 경험, 인생 경험이 필요했을 것이다.

마지막 부록에는 이렇게 쓰여 있다.

기억을 더듬어 간단한 경력을 나열했으나 일기나 메모 등 착실한 습관이 전혀 없는 나로서는 착오가 없다고 보장할 수 없다. 특히 숫자에 관한 기억은 나 자신도 의심스럽다.
다만 예전에 말하기 싫었던 것, 내 어리석음과 수치까지 전부 기록할 생각이다. 빠뜨린 것이 많겠지만 고의로 빼지는 않았다. 그 외 미비한 점에 관해서는 용서를 바라는 수밖에 없다. (자필)

아무렇지 않은 듯 말하지만 예사롭지 않은 각오가 서려 있는 것이 느껴져 마음이 숙연해진다. 자기 역사도 이런 각오로 쓰지 않으면 세상과 남에게 도움이 되지 않는다. 심지어 자신에게도 도움이 되지 않는다. 단순히 글을 쓰는 것과 자기 역사를 쓰는 것은 차원이 다른 일이다.

나의 역사

살다 보면 항상 자랑스러운 일만 생기지 않는다. 누구에게나 남에게 말할 수 없는 부끄러운 모습이 있다. 자기 역사에서는 그런 모습들이 좋은 글의 소재가 되기도 한다. 요시카와 에이지처럼 나의 결점을 소재로 하는 글을 적어보자.

Date   /   /

한 줄에 담긴 죽음

신문 사회면 왼쪽 아래 구석에 매일 부고가 실린다. 부고에 신경이 쓰이고 신문을 펼치자마자 눈이 가기 시작했다면 나이를 먹었다는 뜻이다.

젊은 사람은 누가 몇 살에 죽든, 어떤 병으로 죽든 전혀 관심이 없다. 그러나 어느 정도 나이가 들면 고인이 몇 살에 죽었는지, 무슨 병이었는지 궁금해진다. 93세나 88세 같은 고령이었다면 편안한 죽음이었을 듯해 안

심하게 되지만 56세였다면 어쩌다 무슨 병으로 남보다 빨리 세상을 떠났는지 마음이 쓰인다.

그래서 직업이나 직함을 찾아본다. 어떤 회사 간부였다고 되어 있으면 '왜 현직이 아니었을까?', '병 때문에 그만둔 걸까?'라며 이것저것 상상한다. '매정한 회사가 병에 걸린 사람을 곧바로 내보낸 걸까?'라고도 생각한다. 현직 간부로 죽었다면 나도 모르게 마음이 놓인다. 내 또래인 사람이 죽었다면 내 일처럼 동정하게 된다. 내 약한 부분에 병이 생겨 죽은 사람이 있다면 나도 모르게 마음이 가라앉는다.

부고는 적은 분량 안에 한 사람의 인생을 축약해 보여준다. 이런 말은 하면 안 되지만 그래서 재미있다. 독자의 마음을 신문도 아는 듯 사회면에 다른 기사와는 별도로 부고를 정기적으로 실어준다.

부고에 관심 있는 사람이라면 당연히 신문에서 해당 코너를 일부러 찾아 볼 것이다. 외국에는 오비추어리Obituary 등 부고를 가리키는 말이 정착되어 있지만 일본에는 일반적으로 정해진 단어가 없어서 '석별'이나 '추도' 등 다양한 제목이 붙는다.

최근 가장 공들이는 듯한 부고 코너는 《아사히 신문》의 '석별'과 《문예춘추》의 '개관록蓋棺錄'인데 그중에서도 '개관록'에는 매월 뛰어난 추도문이 실린다. 죽은 사람 이야기는 그 자체로 애수를 자아내므로 필자가 감정을 조금만 억제하면 절절한 읽을거리를 만들어낼 수 있다. 굳이 말하자면 부고는 쓰기 쉬운 글인 셈이다.

자기 역사를 쓰고 싶은 사람은 이런 부고나 추도문에서도 배울 것이 많다. 물론 자기 역사는 살아 있는 자신에 관한 글이므로 죽은 사람을 회상하는 추도문과는 전혀 다르지만, 어떤 부분을 담고 어떤 부분을 뺄지 취사선택할 때의 자세는 유사하다. 자기 역사가 사적인 감정에 치우치기 쉬운 것처럼 추도문도 애도의 마음에 흔들리기 쉽기 때문이다.

추도문은 남이 쓰는 글이다. 아무리 친한 사람이라 해도 본인이 아닌 것은 마찬가지다. 육친이 추도문을 쓰는 일도 간혹 있지만 너무 가까운 사람이다 보니 개인의 인품 등을 제대로 담아내지 못할 때가 많다.

우리의 눈이 외부를 향해 있기 때문이다. 눈은 자기 자신이 아니라 자신에게서 조금 떨어진 사물을 보도록 만들어져 있다. 등잔 밑이 어둡다는 말처럼 너무 가까운 것은 잘 안 보인다.

선종에 '각하조고脚下照顧'라는 교리가 있다. 남에게 도리를 설파하기 전에 자기 발밑을 잘 보라는 말인데, 외부의 사물에 비해 자기 자신을 잘 보지 못하는 인간의 약점을 경계하는 뜻으로 이해할 수 있다.

자기 역사를 쓸 때는 그야말로 각하조고를 명심해야 한다. 글쓰기에 단련되지 못한 상태로 자기 역사를 집필하려는 사람은 그 어려움을 잘 모른다. 자기 역사는 각하조고할 준비가 되었는지 안 되었는지에 따라 성패가 갈린다.

좋은 글을 쓰기 위해선 시선을 나 자신이 아닌 외부로 돌려야만 한다.

나의 역사

모든 삶의 종착역은 죽음이다. 죽음을 온전히 마주하는 일은 자기 역사를 제대로 돌아보는 데에 꼭 필요하다. 나에게 단 하루의 시간이 남았다고 가정해보자. 시선을 외부로 돌려, 나의 죽음을 객관적으로 바라보는 추도문을 작성해보자.

Date   /   /

3부

기록을 나누는 기쁨

 자기 역사를 쓰기로 결심하자마자 집필에 착수하는 사람이 많다. 실제로도 그랬는지 확인하지는 못하지만 완성된 글을 보면 그런 생각이 들 때가 많다.

 '책을 만들고 싶다면 곧바로 집필을 시작하는 게 당연하다' 또는 '꾸물거리지 않고 최대한 빨리 쓰는 것이 이상적이다'라고 생각할지도 모르겠다. 하지만 실제로 착수해 보면 생각처럼 잘 써지지 않아서 고민하게 된다. 일필휘지로 금세 완성하는 사람은 거의 없다. 심지어 몇 년씩 끌거나 영영 완성하지 못하는 사람도 있다. 하지만 오히려 이렇게 술술 쓰지 못하고 괴로워했던 사람의 글은 대체로 재미있다. 의기양양하게 휘갈겨 쓴 글이야말로 어쩔 수 없이 조잡해진다.

일본인은 '창작'에 약하다. 책을 내더라도 이미 발표된 글을 여기저기서 모아 엮어서 낼 때가 많다. 서구에서는 그런 모음집은 책으로 간주하지 않는다. 20세기 최대의 영시 작가이자 비평가로 꼽히는 T. S. 엘리엇마저 놀랍게도 '책을 한 권도 내지 않은 문인'으로 여겨진다. 그의 이름이 붙은 책이 많이 나왔는데도 말이다. 전부 새로 쓴 것이 아니라 기존의 에세이를 편집하여 출간했기 때문이다.

새로 쓰인 책이 많지 않은 일본에 같은 기준을 들이대면 '책'의 절대량이 확 줄어들 것이다. 일본인은 아무리 노력해도 창작이 잘 안 되는 모양이다.

그런 일본인이 처음부터 번거롭게 자기 이야기를

담아 자화상을 그려낸 책을 만들기란 쉬운 일이 아니다. 글은 '모르는 것이 약'이라는 느긋한 마음으로는 잘 써지지 않는다. 하지만 '뜻이 있는 곳에 길이 있다'라는 태도 역시 바람직하지 않다. 일단 부딪쳐 본다는 마음으로 곧바로 창작을 시작하지 말라는 얘기다. 준비가 필요하다. 반드시 글쓰기를 배워야 한다.

글쓰기를 어떻게 배우면 좋을까? 문화 센터 등이 이런 관심에 부응하기 위해 글쓰기 교실을 만들어 놓았다. 앞서 말했듯 자기 역사라는 장르 자체가 글쓰기 교실에서 유래한 발상이기도 하다. 학교 작문 시간에는 자기 역사를 다루지 않았으니 말이다.

그러나 글쓰기 수업은 수동적이어서 발표한 글을 타인과 나누기가 여러모로 불편하다. 그래서 수업 외에 잡지를 활용하는 것도 하나의 방법이다. 잡지에 습작을 발표하고 서로 평가하면 큰 도움이 될 것이다. 물론 경험 없는 사람의 원고를 실어줄 잡지가 없으니 직접 만드는 수밖에 없다. 혼자서 만들어도 되지만 개인 잡지는 고립되고 폐쇄된 세계여서 첫 작품을 발표할 곳으로는 적합하지 않다. 따라서 뜻이 같은 사람을 몇 명 모아 동인지를 만드는 것이 현실적인 선택이다.

요즘은 방식이 조금 달라졌지만 예전에는 작가나 시인을 지망하는 사람들이 모여 종종 동인지를 만들었다. 다 함께 돈을 걷어서 잡지를 간행하는 것이다. 이 잡지는 자신들의 것이니 무엇이든 실을 수 있었다. 다만 조잡한 글만 실으면 독자가 읽어주지 않을 테니 차분히 시간을 들여 만든 역작만을 실었다.

완성된 잡지를 각자 지인들에게 보내면, 그중 관심 있는 사람, 호의 있는 사람 들이 감상이나 비판을 보내준다. 이것이 가장 큰 보람이다. 동인끼리 모여 합평회를 열고 서로 작품을 비판하기도 한다. 이것 역시 큰 도움이 된다. 미처 알아채지 못한 자기 작품의 문제점을 지적받아 혜안이 열리기도 하고 때로는 반박조차 못 할 만큼 심한 혹평에 박살이 나기도 한다. 이런 과정을 통해 모르는 새 글을 보는 눈도 길러진다.

동인지를 만드는 과정은 창작 수업뿐만 아니라 자기 역사 집필에도 큰 도움이 된다. 멀리 돌아가는 것처럼 보여도 이것이 오히려 지름길이다. 무슨 일이든 '천천히 서둘러야' 하는 법이다.

잡지를 만드는 작업도 일종의 창작이라서 아주 재미있다. 한번 만들어보면 재미있어서 또 다른 잡지를 만들고 싶어질 것이다. '3호짜리 잡지'라는 말도 있듯이 판매가 목적이 아니므로 잘 안되면 재빨리 폐간하고 다른 잡지를 만들면 된다. 이 과정 자체가 자기 역사의 한 부분을 차지할 것이다.

잡지에 실을 때는 글을 잘게 나눠야 한다. 한 회에 400자 원고지 30장이 기준이다. 이렇게 10회를 연재하면 300장, 즉 책 한 권 분량이 족히 나올 것이다.

물론 잡지에 실린 글을 그대로 책으로 찍어내서도 안 된다. 나중에 읽어보면 부족한 부분이 여기저기 눈에 띌 텐데, 그 부분을 퇴고, 가필, 삭제하여 다듬은 다음에 책으로 엮자.

나의 역사

우리는 대체로 글쓰기를 혼자 하는 행위로 인식하는 경향이 있다. 하지만 의외로 글쓰기 역시 다른 사람과 함께할 수 있는 활동이다. 함께 글을 쓰고 서로 바꿔 읽는 과정을 통해 더 좋은 글이 만들어지기도 한다. 친구, 지인, 가족 등과 바꿔 읽을 만한 글을 써보자. 그리고 그들의 코멘트를 받아보자. 글쓰기의 좋은 길잡이가 되어줄 것이다.

Date   /   /

가장 신비로운 종이

오래된 친구에게서 편지가 왔다. 처음으로 책을 집필한다는 소식이었다.

"원고지가 없으면 아무것도 안 되잖아. 문구점에 가서 2천 장을 달라고 했더니 주인이 당황해서는 '가게에는 고작해야 200~300장뿐이다, 도매상에 주문할 테니 기다려 달라'고 하더군."

편지에는 이런 이야기가 자랑스럽게 쓰여 있었다.

'쓸데없는 짓을 했네, 그런 식이면 쓸 것도 못 쓰게 될 텐데'라고 생각했지만 그렇게 말하지는 못했다. 이미 샀으니 어쩔 수 없다 싶어 친구의 행운을 빌기로 했다.

그 후 시간이 일 년쯤 흘렀는데 진도가 잘 안 나간다는 소식이 들린다. 아직도 처음 열몇 장을 썼다가 버리고 또 쓰기를 반복할 뿐 성과가 별로 없다는 것이다.

전부 원고지를 너무 많이 산 탓이라고 할 수는 없지만 어느 정도는 영향을 미쳤을 것이다. 원고지에 흥분하고 압도된 탓이다.

원래 대재벌의 총수였던 모 씨가 제2차 세계 대전 종전 후 자리에서 물러나게 되자 잡지사가 수필을 의뢰했다. 400자 원고지 세 장 분량을 의뢰받은 이 실업가는 오랫동안 집필하여 완성한 원고를 문필가인 아들에게 보여주었다.

아들은 깜짝 놀랐다. 400자 원고지의 처음부터 끝까지 한 칸의 여백도 없이 글자가 차 있었기 때문이다.

아들이 '첫머리는 한 글자 들여 쓰고 단락이 끝나면 한 줄을 여백으로 비워야 한다'라고 말하며 왜 그랬는지 이유를 물었다.

그러자 아버지가 이렇게 답했다.

"400자 원고지 세 장, 즉 1200자의 원고를 의뢰받았으니 글자가 없는 부분까지 산정하여 원고료를 받는 것은 부당하다."

그야말로 경제인다운 대답이다.

지금은 그렇지 않지만 옛날에는 늘 원고지 분량을 기준으로 원고를 의뢰받았다. 그렇다 보니 글 쓰는 사람에게 원고지는 여전히 보통 종이와는 다른 느낌이다. 어쩐지 신비롭다. 원고지가 앞에 있으면 나도 모르게 자세를 고쳐 앉게 된다. 자연스러운 태도가 사라지고, 글을 쓰기 어려워진다. 게다가 망쳐서 구겨버리면 아까우니 무심결에 깔끔하게 쓰려고 노력하게 된다.

원고지에 익숙해지려면 어느 정도 경험이 필요하다.

나도 잡지 편집을 시작한 서른 살 무렵부터 원고지를 썼다. 하지만 아무래도 잘 써지지 않아서 몇 장이고 망쳐서 버리게 되었다. 기가 죽고 무력감에 휩싸였다.

그러다 광고지 뒷면에 글을 써봤더니 의외로 술술 써졌다. 느긋하게 쓰는데도 기분 좋게 진도가 나가서 그때부터 망친 원고지 뒷면에 초고를 쓰게 되었다. 그러자 어쩐지 글이 잘 풀리기 시작했다. 그때부터 망친 원고지를 잘 챙겨 두었다가 애용하는 습관이 생겼다. 부끄러워서 다른 사람들에게는 말하지 못했지만 적어도 10년은 그렇게 했던 것 같다.

내가 재주가 모자라는 탓일지도 모르지만 다른 사람도 원고지에는 글을 술술 쓰기 어려울 듯하다. 에세이스트인 친구 하나는 글자 수를 신경 쓰지 않고 대학 노트에 줄줄 써 내려간다고 한다. 원고지가 아니라는 점은 이면지와 같지만, 노트가 확실히 멋지기는 하다. 다만 노트는 망쳐도 찢어 버릴 수 없을 테니 그 점에서는 이면지가 속 편하다. 몇십 장이 휴지 조각이 되어도 아깝지 않으니 말이다.

참고로 원고지는 400자짜리와 200자짜리가 있다. 예전에는 대부분 400자를 썼고 200자는 예외적이었다. 그런데 언제부턴가 200자 원고지가 많이 쓰이기 시작해서 요즘은 오히려 200자가 흔해진 듯도 하다. 100장이나 150장쯤 되는 긴 원고에는 400자짜리, 세 장이나 다섯 장 정도로 짧은 원고에는 200자짜리를 각각 쓰는 사람도 있다.

400자 원고지는 중간까지 쓰다가 망치면 많은 분량을 새로 써야 하는데, 200자 원고지는 그럴 위험이 적다. 게다가 한 장을 완성하는 시간이 절반으로 줄어드니 술술 써지는 듯한 쾌감도 느껴진다. 사람마다 취향은 다르겠지만 그래서 나는 200자 원고지만 쓴다.

그런데 아까 소개한 친구는 400자 원고지를 샀다. 큰일이 난 것이다.

나의 역사

얼마 전까지만 해도 글은 원고지에 써야 한다는 인식이 강했지만, 지금은 그렇지 않다. 수첩, 전단지, 영수증은 물론이고 노트북, 태블릿, 휴대 전화 등 전자기기로 글을 쓰는 사람도 늘었다. 나는 주로 어디에 글을 쓰는지 돌아보자. 펜으로 글을 쓴 지가 오래되었다면, 이 기회를 통해 간단한 메모라도 정리해보자.

Date / /

글쓰기의 도구들

 글은 내용이 중요하니 사소한 필기구 따위에 얽매일 필요가 없다고 말하는 사람이 있는데 그렇지 않다.

 한 문필가가 '원고를 잘 쓰다가도 잉크색이 이상하다는 생각이 드는 순간 펜이 멈춰 버리니 잉크는 반드시 바람직한 색이어야 한다'라고 쓴 것을 본 기억이 난다.

 이 사람은 약간 신경과민일지도 모르지만 글쓰기는 분명 극도의 긴장이 필요한 작업이다. 사소한 어긋 남이 의외의 장애물로 발전할 수 있다.

앞에서 말한 원고지도 사람마다 잘 맞는 유형이 있다. 출판사에서 보낸 원고지는 한 번도 쓰지 않았다는 사람도 있고, 아예 원고지를 보내지 않는 출판사도 있다. 심지어 시판 제품은 불편하다며 전용 원고지를 특별히 주문 제작하는 사람도 있다. 일단 주문 제작품을 쓰면 다른 종이에는 글을 쓸 수 없어질 것이다. 이렇게 전용 원고지를 만드는 것도 좋지만 글쓰기에 익숙하지 않은 사람은 부담이 되어 오히려 펜이 잘 나아가지 않는다. 그렇다면 시판 제품을 쓰는 게 차라리 낫다.

용지 이상으로 글쓰기에 영향을 미치는 게 필기구다. 전에는 문필가 대부분이 만년필을 썼다. 국산이 나오기 전에는 영국의 오노토가 사랑받았고 워터맨도 인기가 있었다. 나쓰메 소세키는 오노토파였다.

그러다 종전 이후 미국의 파커가 수입되자 모두 앞다투어 파커를 쓰기 시작했다. 그래도 문필가 사이에서는 독일의 몽블랑이 호평받았다. 특히 그 굵은 촉을 좋아하는 사람이 꽤 있었다. 같은 독일제인 펠리칸은 가로쓰기에 최적으로 알려졌고 스위스의 까렌다쉬는 세련된 멋이 있는 명품으로 통했다. 물론 일본 만년필 중에도 명품이 있다. 다만 어떤 브랜드든 마찬가지일 텐데, 같은 브랜드의 제품을 사도 실패할 때가 있으니 사기 전에 충분히 테스트하고 판단하는 게 중요하다.

볼펜은 두 번의 세계 대전이 끝난 지 한참 지나서야 등장했다. 처음에는 잉크가 새기도 했지만 금세 정밀한 펜으로 발전하여 만년필의 자리를 가로챘다. 문필가 중에도 볼펜으로 전향하는 사람이 적지 않았다.

하지만 아무래도 볼펜은 가격이 싸서 그런지 만년필 같은 애착이 생기지 않는다. 그리고 어느 정도 눌러 써야 해서 만년필보다 훨씬 힘이 든다. 간혹 서경書痙, 글씨 쓸 때 경련과 통증이 일어나는 신경증이 발병하는 사람도 있다.

볼펜 다음에 나온 수성펜은 가볍게 써지므로 서경의 우려가 없다. 젊은 사람들은 볼펜보다 수성펜을 좋아하는 듯하다.

잉크를 싫어하는 연필파도 있다. 신문 기자들이 기사를 연필로 쓰니 그 흉내를 내려는 것 같기도 하고, 갱지에 갈겨쓸 때는 연필이 편하기도 하다. 그런데 어째선지 연필파는 대개 여성이다. 세련된 분위기가 나는 것일까?

펜이 아닌 연필로 쓰면 잘못 쓴 부분을 지우고 고쳐 써도 흔적이 남지 않아서 어쩐지 마음이 편하다. 연필도 뛰어난 필기구다. 하지만 눌러써야 해서 금세 지친다는 것이 문제다. 표준인 HB는 빛을 연하게 반사해서 글씨가 잘 보이지 않는다. 그래서 답을 연필로 표기하는 대학 입시에서도 HB 대신 B나 2B를 쓰라고 요구한다. 하지만 B나 2B는 너무 물러서 손으로 문지르거나 하면 검게 번져 버리는 탓에 역시 글씨가 잘 안 보인다는 것이 단점이다.

나도 한때 2B 연필로 원고를 썼는데, 원고가 지저분해져 공장에서 판독하기 어렵다는 말을 인쇄소 사람에게 들었다. 어떻게 하면 좋을지 물었더니 원고 위에

목탄 데생에 쓰는 정착액을 뿌리면 번지지 않는다고 했다. 몇 번 그렇게 해 봤지만 금세 귀찮아져서 연필을 포기하고 말았다.

그럭저럭하다 보면 필기구 애호가가 된다. 이것저것 모으며 흡족해하는 것은 괜찮지만 정작 중요한 글쓰기를 뒷전으로 미루는 사람이 가끔 있다. 이처럼 하찮은 물건에 집착하느라 큰 뜻을 잃는 것을 '완물상지 玩物喪志'라 한다.

요컨대 필기구는 무엇이든 상관없다. 자신에게 잘 맞는 것, 익숙한 것이면 무엇이든 좋다. 손에 드는 순간 어쩐지 달려가는 기분이 드는 필기구가 최고다. 다만 너무 얽매이거나 집착하는 것은 좋지 않다.

요즘은 워드프로세서로 글을 쓰는 사람이 많다. 이제 문필가들도 거의 워드프로세서로 바꾼 듯한데 이건 손글씨와는 전혀 다른 새로운 기술이다. 다시 말하지만 도구가 무엇이든 글을 쓰는 것이 중요하다.

나의 역사

펜, 연필, 샤프 등 기록에 사용하는 필기구는 그 종류가 다양하다. 글을 쓰는 사람은 대부분 나에게 가장 잘 맞는 '애착 필기구'가 있기 마련이다. 나에게도 애착 필기구가 있는지 돌아보고, 그 필기구를 이용해 글을 적어보자.

Date   /   /

한 권으로 만든 인생

 원고가 나오면 잠시 바람을 쐬게 한다. 글쓰기에 상당히 숙련된 필자도 완성된 원고를 곧바로 인쇄하지는 않는다. 잡지에 실릴 짧은 원고라 해도 잠시 두었다가 퇴고한다. 그러다 아무래도 안 되겠다 싶어서 아예 새로 쓸 때도 있다.

 그런데 책 한 권 분량이 되면 원고를 다시 읽기가 쉽지 않다. 그래서 일본에서는 드문 일이지만 외국 저자들은 보통 믿을 만한 사람에게 원고를 훑어봐 달라고 부탁한다. 그러면 필자가 놓치거나 실수한 부분을 고칠 수 있고 첫 독자의 조언과 비평을 들을 수도 있어서 큰 도움이 된다.

첫 작품으로 자기 역사를 쓰는 사람이라면 독자를 생각할 여유가 없는 것이 당연하다. 그러나 출판이란 대중에 공개하는 일이므로 모르는 사람이 읽는다고 생각하고 글을 써야 한다. 독자가 만족할 만한 책을 만들려고 노력하자. 안하무인까지는 아니더라도 '나만 좋으면 된다'라는 태도로 쓴 책은 주변에 폐만 끼칠 것이다.

퇴고가 끝났다면 드디어 출판 단계다. 책의 종류도 다양해서 출판 과정을 뭉뚱그려 설명하기는 어렵지만 아주 가까운 사람들에게만 나눠줄 생각이라면 손글씨로 쓴 원고를 인쇄하거나 워드프로세서로 인쇄한 것을 제본해도 된다. 이것도 그 나름의 정취와 재미가 있을 것이다.

실제로 어느 서예가 겸 와카 작가가 작품 모음집을

이 방식으로 낸 적이 있다. 삭막한 활자를 나열하기보다 손으로 직접 쓴 와카를 보여주고 싶다며 원고를 볼록판으로 인쇄하여 제본한 것이다. 그 결과 '손글씨 와카 모음집'으로 주목받아 신문에 저자 인터뷰가 실리는 등 뜻밖의 관심을 얻었다.

그러나 보통은 인쇄본을 선택할 것이다. 그렇다면 인쇄소에 의뢰해야 한다. 요즘 자비 출판이 늘어난 덕분에 자비 출판 부문을 신설한 출판사도 많다. 여기저기 홍보하고 있으니 조금만 신경을 쓰면 찾을 수 있다.

인쇄소 역시 자비 출판에 익숙한 곳이라면 비교적 싼 비용으로 책을 만들어준다. 그래도 출판이 처음인 사람은 방향조차 파악하기 어려울 테니 어느 정도 사정을 잘 아는 사람과 의논해 보는 게 낫다.

가장 문제 되는 비용 역시 천차만별이므로 여러 인쇄소와 상담해보아야 한다. 돈이 많이 들수록 책 품질이 좋아질 것이라고 지레짐작하면 안 된다.

장정도 쉽지 않다. 다만 장정에만 너무 공을 들이

면 내용과 조화되지 않을 수 있으니 주의하자. 장정은 최대한 산뜻하고 담백한 것이 무난하다.

그리고 의외로 큰 문제가 부수다. 아무래도 너무 많이 찍게 되기 때문이다.

나도 조금 전에 모르는 사람에게서 하이쿠 모음집을 선물 받아 당황스러웠다. 계속 받기만 하려니 미안해서 감사하다고 답장을 보내고 싶은데 쓸 말이 없다. 그렇다고 책을 다 읽고 편지를 쓰려면 밤을 새워야 할 듯하다. 한심하기 그지없는 상황이다.

저자가 부수를 너무 많이 찍은 탓이다. 보낼 곳이 마땅치 않으면 이처럼 이런저런 목록에 포함된 사람들에게 마구잡이로 보내게 된다. 받은 사람의 마음 따위는 생각하지 않는다.

게다가 인쇄소는 '300부든 500부든 비용은 크게 다르지 않다'라고 쓸데없는 훈수를 둔다. 그러면 원래 많이 찍어내고 싶은 마음이 있었던 저자가 신나게 부수를 늘린다.

그러지 말고 부수는 연말에 보내는 연하장 숫자에 맞추자. 매년 500매를 보낸다면 그 80%인 400부가 적당하다. 300매를 보낸다면 250부다. 욕심내서 500부 넘게 찍으면 사원들에게 한 권씩 나눠줄 수 있는 사장이면 몰라도 대부분 책이 남을 것이다.

책이 나오면 친구에게 선물할 텐데 이때도 배려가 필요하다. '저자 증정' 도장만 찍어서 보내면 너무 삭막하니 짧은 인사라도 담은 메시지를 첨부하자. 그러면 받은 사람이 즉시 읽고 독후감을 보내줄지도 모른다. 이런 반응이야말로 책을 낸 사람이 아니면 맛볼 수 없는 기쁨이다.

나의 역사

책을 출간할 때는 제목을 정하는 일이 가장 중요하다. 제목이야말로 제일 먼저 독자와 만나는 요소이기 때문이다. 만약 내가 쓴 자기 역사를 책으로 출간한다면 어떤 제목을 붙일 수 있을까? 나의 이야기를 잘 담아내면서도 독자의 흥미를 끌 수 있는 제목을 붙여보자.

Date   /   /

나가며

누구나 읽고 싶은 나의 삶

'자기 이야기를 직접 쓴 것이 자기 역사다. 따라서 길게 쓰든 말든 내 자유다. 남이 이러쿵저러쿵 말할 자격이 없다.'

자기 역사의 필자는 무의식적으로 이렇게 생각할 수 있다. 의뢰받아 쓰는 원고에는 분량 제한이 있지만 자기 역사는 길어도 상관없다고 생각할 수도 있다.

그러나 원고를 서랍 속에 감추어둘 작정이 아니라면 읽는 사람을 꼭 고려해야 한다. 누구나 그렇듯 자기 책을 남이 읽어주기를 바란다면 말이다. 그런데 자기 역사로 불리는 글에 독자에 대한 배려가 전혀 없을 때가 종종 있다.

특히 분량이 중요하다. 아무리 쓸 것이 많아도 분량을 제한해야 한다. 이 바쁜 세상에 몇백 페이지나 되는 책을 읽을 사람이 얼마나 되겠는가? 아무리 친한 친구여도 며칠에 걸쳐 읽어야 하는 자기 역사를 선물 받는다면 기분이 어떻겠는가? 쓸 때 이런 점을 생각해야 한다. 길게 쓰고 싶어도 꾹 참고 되도록 간결한 단편으로 줄이자. 짧을수록 많이 읽힌다.

자랑에도 주의하자. 쓰는 사람은 자랑만큼 재미있는 것이 없다. 그래서 자기 역사에서 자랑이 큰 비중을 차지하기 쉽다. 그러나 읽는 사람에게 성공담은 상당히 극적이지 않은 이상 지루할 뿐이다. 그나마 길이가 짧다면 참고 읽겠지만 장황해지면 참기 어렵다. 말로 전한다면 귀를 막을 수가 없으니 참고 들을지 몰라도 책이라면 바로 덮어 버릴 것이다. 그러니 자랑이나 성공담은 되도록 짧게 줄이겠다고 미리 마음먹자.

반대로 자신의 실패, 괴로움, 불행은 언급하지 않고 넘어가기 쉽다. 설사 꼭 다루어야 하더라도 되도록 산뜻하고 짧게 끝내고 싶을 것이다. 하지만 역시나 독자의 마음은 정반대다. 독자에게는 그런 이야기가 재미있다. 독자가 제대로 읽을 부분은 필자의 고생담뿐이라고 해도 과언이 아니다.

성공적으로 자기 역사를 출판하여 독자를 확보하려면 언급하기 싫은 부분은 일부러 쫙 펼쳐서 보여주고, 반대로 말하고 싶어서 입이 근질근질한 부분은 최소한으로 줄이는 금욕적인 태도가 필요하다. 그러기 싫다면 자기 역사 출판을 애초에 계획하지 않는 것이 낫다.

지금까지 독자에게 사랑받는 자기 역사를 쓰기 위해 필자가 갖춰야 할 마음가짐을 소개했다. '독자까지 생각할 여유가 없다, 나는 나에게만 충실하면 된다'라는 순수한 자기중심주의는 결국 표현력을 무너뜨릴 뿐이라는 사실을 꼭 기억하자.

자기 역사는 분명 나를 위해 쓰는 글이다. 그러나

글을 쓰는 행위에는 독자라는 대상이 반드시 존재한다. 자서전을 쓰다 보면 그 사실을 잊기 쉬우니 마음을 더욱 다잡아야 할 것이다.

자기 역사는 독자를 위해 최대한 재미있게 써야 한다. 재미있게 쓰는 것은 간결하게 쓰거나 성공담을 거만하게 늘어놓지 않는 것보다 훨씬 어렵다. 글쓰기 수업에 오래 몸담았던 사람이라도 재미있는 글을 쓰기는 쉽지 않다. 하물며 경험이 부족한 사람은 글에 해학과 재치를 담아내기가 매우 어려울 것이다.

자기 역사를 쓰는 사람이 글에서 재미를 추구하는 것은 결코 타락이 아니다. 오히려 유머러스한 자기 역사가 많아질수록 우리 세대는 후세에게 존경받을 것이다.

옮긴이 노경아

한국외대 일본어과를 졸업하고 10년간 회사원으로 살다가 오랜 꿈이었던 번역가의 길로 들어섰다. 번역의 몰입감, 마감의 긴장감, 탈고의 후련함을 즐길 줄 아는 꼼꼼하고도 상냥한 일본어 전문 번역가. 현재 엔터스코리아의 출판기획 및 번역가로 활동 중이다. 주요 역서로는 『이나모리 가즈오의 인생을 바라보는 안목』, 『운의 경영학』 등 다수가 있다.

쓰는 사람에게만
보이는 것들이 있습니다

초판 1쇄 발행 2025년 10월 13일

지은이 도야마 시게히코
옮긴이 노경아
펴낸이 김선준

편집이사 서선행
책임편집 서유아 **편집3팀** 송병규, 이은애 **디자인** 엄재선
마케팅팀 권두리, 이진규, 신동빈
홍보팀 조아란, 장태수, 이은정, 권희, 박미정, 조문정, 이건희, 박지훈, 송수연, 김수빈
경영관리 송현주, 윤이경, 임해랑, 정수연

펴낸곳 (주)콘텐츠그룹 포레스트 **출판등록** 2021년 4월 16일 제2021-000079호
주소 서울시 영등포구 여의대로 108 파크원타워1 28층
전화 02) 332-5855 **팩스** 070) 4170-4865
홈페이지 www.forestbooks.co.kr
종이 (주)월드페이퍼 **인쇄·제본** 한영문화사

ISBN 979-11-94530-66-4 (03190)

- 책값은 뒤표지에 있습니다.
- 파본은 구입하신 서점에서 교환해드립니다.
- 이 책은 저작권법에 의하여 보호를 받는 저작물이므로 무단 전재와 복제를 금합니다.

> ㈜콘텐츠그룹 포레스트는 독자 여러분의 책에 관한 아이디어와 원고 투고를 기다리고 있습니다. 책 출간을 원하시는 분은 이메일 writer@forestbooks.co.kr로 간단한 개요와 취지, 연락처 등을 보내주세요. '독자의 꿈이 이뤄지는 숲, 포레스트'에서 작가의 꿈을 이루세요.